Constanze von Treuenfeld

Modeblogger
in der Vertrauenskrise

Glaubwürdigkeit aus der Sicht
der Follower

Bibliografische Information der Deutschen Nationalbibliothek:

Die Deutsche Nationalbibliothek verzeichnet diese Publikation in der Deutschen Nationalbibliografie; detaillierte bibliografische Daten sind im Internet über http://dnb.d-nb.de abrufbar.

Impressum:

Copyright © Science Factory 2019

Ein Imprint der Open Publishing GmbH, München

Druck und Bindung: Books on Demand GmbH, Norderstedt, Germany

Covergestaltung: Open Publishing GmbH

Inhaltsverzeichnis

Executive Summary

Blogger geraten in letzter Zeit immer mehr durch negative Schlagzeilen in das Rampenlicht der Medien, weswegen ihre Glaubwürdigkeit oft in Frage gestellt wird. Aus diesem Grund beschäftigt sich die folgende Arbeit mit der Frage, ob sich die Modeblogger aktuell in einer Art Vertrauenskrise befinden und ob sie noch glaubwürdig sind. Diese Glaubwürdigkeit wird aus Sicht der Follower in Form eines Online-Fragebogens untersucht. Um einen Einblick in das Thema zu geben, wurden für das Herausarbeiten der Thematik vor allem Online-Quellen und Magazine genutzt. Durch die Aktualität der Forschungsfrage war dies unabdingbar.

Aus der empirischen Studie hat sich ergeben, dass keine klare Mehrheit der Follower die Modeblogger als glaubwürdig empfindet und sie somit eher als unglaubwürdig anzusehen sind. Ein weiterer wichtiger Aspekt der herausgearbeitet wurde, ist dass Instagram die meist genutzte soziale Plattform und somit der Nährboden des Vertrauens und der Glaubwürdigkeit ist. Die Modeblogger gelten trotz der Infragestellung der Glaubwürdigkeit weiterhin als ein sehr erfolgreicher Marketingkanal, weswegen man nicht von einer Vertrauenskrise der Modeblogger sprechen kann.

Abbildungsverzeichnis

1 Einleitung

Nicht erst seit kurzem gehören die Modeblogger zu den wichtigsten Meinungs-machern in der Modebranche. Bereits seit einigen Jahren teilen sie sich auf den weltweiten Modenschauen die erste Reihe mit den Chefredakteuren der Hoch-glanzmagazine (vgl. DW 2016). „Klicks, Likes und Follower sind die Gradmesser der Beliebtheit, Einfluss und Werbewirksamkeit geworden und entscheiden heute maßgeblich über den Erfolg im Milliardengeschäft Mode" (ebd.).

Viele Blogger haben sich tausende Follower erarbeitet und lassen diese täglich an ihrem Leben teilhaben. Aber nicht nur für die Follower, sondern auch für die Mo-deunternehmen wächst das Interesse an der Blogger-Welt. Längst hat sich der Beruf des Modebloggers in der Branche etabliert (vgl. Franke O.J.). Man kann sa-gen, dass sich die Modebranche im großen Rahmen um die Bloggerszene erwei-tert hat. Sie sind in der Branche und vor allem für die Unternehmen, die in den Bloggern einen riesen Marketingkanal sehen, nicht mehr weg zu denken (vgl. Herbst 2014). Doch in letzter Zeit geraten die Modeblogger immer wieder mit negativen Schlagzeilen ins Rampenlicht. Es wirkt als wäre das Image der Blogger angekratzt. Immer mehr steht das bezahlte Bloggen im Vordergrund und Blogger nehmen durch Kooperationen mit Unternehmen riesen Summen ein. Einige kriti-sche Follower wenden sich bereits von den Bloggern ab und zweifeln ihre Glaub-würdigkeit an (vgl. Landl 2018).

„Authentische und glaubwürdiger zumindest auf den ersten Blick, denn hinter dem „authentischen" ausgestellten Alltag steckt oftmals eben eine Inszenierung, für die Geld geflossen ist" (Schaper 2017).

Viele Modeblogger wehren sich gegen den Vorwurf der Käuflichkeit durch Unter-nehmen und bestreiten Kooperationen, des Geldes wegen, einzugehen. Viele ge-ben an nur mit Brands zusammenzuarbeiten, mit denen sie sich auch identifizie-ren können (vgl. Franke O.J.). Doch was gibt den Followern die Garantie dafür? Und woher sollen sie wissen was bezahlt und was eigene Meinung ist? Genau die-se Unterscheidung, zwischen bezahlten

und unbezahlten Beiträgen, würde bei den Followern für Klarheit sorgen. Da die-se Trennung in den letzten Jahren nicht immer klar geregelt war, veröffentlichten die Medienanstalten einen Richtlinienkatalog in dem vorgegeben ist, wie Werbung zu kennzeichnen ist. Grund dafür war vor allem, dass im letzten Jahr einige bekannte Blogger Abmahnungen erhielten und somit ihr wichtigstes Kapital – die Authentizität – aufs Spiel setzten (vgl. Schons 2018)[1].

Unter Anbetracht der aktuellen Situation stellt sich nun die Frage, ob sich die Modeblogger aktuell in einer Art Vertrauenskrise befinden. Aus diesem Grund untersucht folgende Arbeit die Glaubwürdigkeit von Modebloggern aus Sicht der Follower.

Um auf diese Thematik näher eingehen zu können, werden im ersten Teil der Arbeit alle wichtigen Begrifflichkeiten definiert. Nachdem dem Leser eine ausführliche Einweisung zu dem Thema gegeben wurde, werden anhand einer Befragung verschiedene, vorher aufgestellte Hypothesen, untersucht und interpretiert. Diese sollen letztendlich dazu führen, dass die folgende Fragestellung beantwortet werden kann[2]:

Sind Modeblogger aus Sicht der Follower noch glaubwürdig oder befinden sie sich in einer Vertrauenskrise?

---

[1] Bei den Beiträgen in der Einleitung, sowie auch in der folgenden Arbeit, handelt es sich um Beiträge aus Branchenmedien, die relevant sind für dieses Thema. Aufgrund der Aktualität des Themas wurden vor allem Online-Quellen und Magazine für die Veranschaulichung genutzt.

[2] Aus Gründen der besseren Lesbarkeit wird auf die gleichzeitige Verwendung männlicher und weiblicher Sprachformen verzichtet. Sämtliche Personenbezeichnungen gelten gleichwohl für beiderlei Geschlecht.

2 Modeblogger

Im folgenden Theorieteil wird auf die einzelnen Begrifflichkeiten der Forschungs-frage näher eingegangen. Diese sollen einen Einblick zum Thema dieser Arbeit und deren Hintergründe schaffen. Um dem Leser eine Vorstellung zu geben, in welche Bereiche er den Modeblogger einzuordnen hat, werden zunächst das Soci-al Media Marketing und das Content Marketing beschrieben. Danach werden die Begriffe Blog und Blogger erklärt, um letztendlich zu verstehen, was man unter einem Modeblogger verstehen kann. Zudem wird der Zusammenhang zwischen Modebloggern und der sozialen Plattform Instagram hergestellt.

2.1 Social-Media-Marketing

Der allgemeine Grundgedanke des Marketings ist es, dass sich das gesamte Un-ternehmen an den Bedürfnissen des Marktes orientiert und seine Strategien da-rauf ausrichtet. Durch eine hohe Wettbewerbsintensität und eine dynamische Entwicklung des Marktes, gewinnt das Marketing immer mehr an Bedeutung. Grundsätzlich lässt sich der Begriff Marketing als eine unternehmerische Denk-haltung beschreiben und ist somit nicht zu verwechseln mit einer Unternehmens-funktion, wie bspw. dem Personalmanagement. Es handelt sich vielmehr um ein Leitkonzept bzw. eine Unternehmensphilosophie, bei der sämtliche Tätigkeiten darauf abzielen kunden- und absatzmarktorientierte Unternehmensziele zu errei-chen (vgl. Bruhn 2016: S. 13 f.).

Das Marketing bzw. die Bedeutung und auch die Denkhaltung des Marketings sind einem ständigen Wandel unterworfen. In den 2000er-Jahren zielte das Marketing vorwiegend auf die Beziehungen zu den Kunden ab. In dieser Phase, der soge-nannten Beziehungsorientierung, war die Beziehungsführerschaft, sprich ein stabiles und systematisches Relationship-Marketing, Ziel aller Marketinganstren-gungen. In der heutigen Phase steht die Netzwerkorientierung im Vordergrund, was vor allem durch die ständige Entwicklung der Informations- und Kommuni-kationstechnologien verursacht wird. Gerade das Wachstum von sozialen Netz-werken spielt im Marketing eine immer bedeutendere Rolle. Dadurch, dass der Kunde die grenzenlose Informationsverbreitung und neue Kommunikationsmög-lichkeiten nutzt, hat er in den vergangenen Jahren mehr Macht dazu gewonnen (vgl. Bruhn 2016: S. 15-18).

Als Instrumente des Marketings werden die 4 Ps bezeichnet, welche für Product (Produkt), Price (Preis), Promotion (Kommunikation), Place (Vertrieb oder auch

Distribution) stehen. Das wichtigste bei der Nutzung der Instrumente ist die Festlegung der optimalen Kombination (Marketing-Mix). Bei dem Instrument der Produktpolitik handelt es sich um jegliche Entscheidungen die für die Gestaltung des Produktes getroffen werden. Dazu gehören z.B. die Namensgebung und die Verpackung des Produktes. Die Preispolitik beinhaltet alle Entscheidungen rund um den Preis, wozu z.B. Rabatte und Zahlungsbedingungen gehören. Die Vertriebspolitik beschäftigt sich mit allen Fragen rund um den Weg des Produktes zum Kunden. Damit ist die räumliche und zeitliche Distanz zwischen der Herstellung und dem Kauf eines Produktes gemeint.

Eine zunehmend wichtigere Rolle übernimmt die Kommunikationspolitik. In der Kommunikationspolitik werden alle Maßnahmen berücksichtigt, die der Kommunikation zwischen Unternehmen und Kunden, aber auch Mitarbeitern dienen. Hierzu gehören u.a. Events und Messen, Public Relations und zur Zeit der Netzwerkorientierung vor allem das Social-Media-Marketing (vgl. Bruhn 2016: S. 27 ff.). Dieses gewinnt in der Kommunikationspolitik immer mehr an Bedeutung und es ist Aufgabe der Unternehmen sich aktiv mit den nutzergetriebenen Medien auseinanderzusetzen, um erfolgreich zu sein (vgl. Bruhn 2016: S. 201). Heute handelt es sich beim Internet nicht mehr nur um ein Informationsmedium, sondern viel mehr um eine Art „Mitmach-Web", besser bekannt als das Social Web. Im Social Web hat jeder die Möglichkeit zu publizieren, ein Feedback zu geben oder zu bekommen und Wissen zu erlangen oder zu teilen. Die Hierarchien sind flach und die Gespräche finden in einer ungezwungenen Sprache statt. Die Reputationen entstehen durch Vernetzungen, welche gerade für Unternehmen von größter Bedeutung sind (vgl. Schindler/Liller 2012: S. 3-6). Aber nicht nur die Reputation kann ein Ziel der Nutzung von Social Media für Unternehmen sein. Social Media wird zunehmend auch für Recruiting, Kundenbindung, Suchmaschinenoptimierung oder Krisenkommunikation genutzt. Der Einsatz von Social Media findet in immer mehr Bereichen Anwendung und kann enorme Vorteile für Unternehmen generieren (vgl. Bruhn 2016: S. 21 f.). Die Wichtigkeit der Nutzung für Unternehmen zeigen die Nutzerzahlen. In Deutschland sind allein im Jahr 2012 schon fast 52 Mio. Menschen online, was ca. 73% der deutschen Bevölkerung entspricht. Davon haben bereits 2012 43% der Deutschen ein Profil auf einer Social-Media-Plattform. Facebook allein kann zu dieser Zeit 850 Mio. Mitglieder weltweit verzeichnen (vgl. Schindler/Liller 2012: S. 5 f.). 2018 sind es weltweit schon über 4 Mrd. Menschen die das Internet nutzen, wovon mehr als 3 Mrd. auch Social Media nutzen (vgl. Bouwman 2018). Grundsätzlich dominieren hier die Menschen, die über einen höheren Bildungsabschluss verfügen. So nutzten 2014 in der EU ca. 57% der Personen mit höherer, 47% der Personen mit mittlerer und 34% der Personen mit niedrigerer Bildung die sozialen Medien (vgl. Grieß 2015).

Das Social Web bzw. die Social Media nehmen für Unternehmen somit eine zentrale Rolle ein, die in unternehmerische Entscheidungen mit einbezogen werden sollten (vgl. Keil 2018). In Deutschland setzen ca. 36% der Unternehmen bereits auf den Einsatz von sozialen Medien. Dies wird sich wohl in den nächsten Jahren noch ändern, wenn man sich die folgende Statistik mit steigenden Umsätzen durch Social-Media-Werbung ansieht. Die Summe der Umsätze mit Social-Media-Werbung im Jahr 2016 soll sich im Jahr 2021 schon verdoppelt haben. Hierzu zählen alle bezahlten Inhalte innerhalb aller sozialen Netzwerke, die zu Werbezwecken dienen (vgl. Kreutzer 2018: S. 9 ff.).

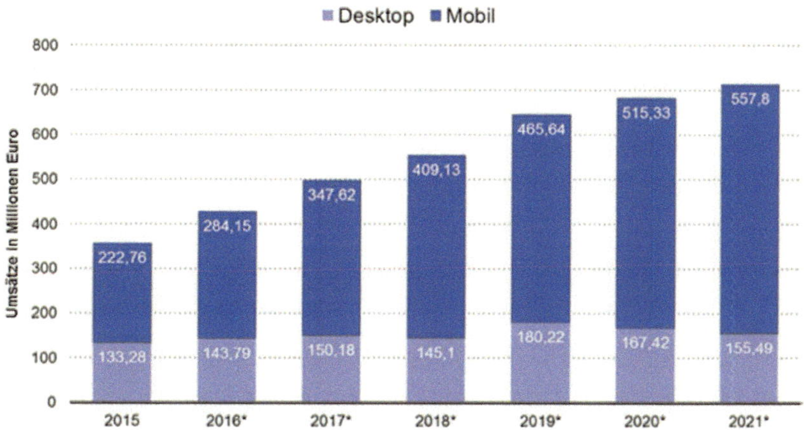

Abbildung 1: Entwicklung der Umsätze mit Social-Media-Werbung in Deutschland 2015-2021
(Quelle: Statista 2017)

Unter Social Media versteht man im allgemeinen eine Plattform auf der sich Menschen weltweit austauschen und Beziehungen herstellen können (vgl. Meermann Scott 2014: S. 90). Grundsätzlich kann man Social Media als ein Kommunikationsmedium ansehen, wie bspw. das Telefon, welches wie das Social Media die Gesellschaft und das Arbeitsleben geprägt hat (vgl. Pfeiffer/Koch 2011: S. 18). Allerdings bezieht es nicht nur verbale Kommunikation mit ein, sondern auch multimediale Formate, wie Fotos, Videos, Musik und Sprachnachrichten. Jeder Nutzer ist zugleich Sender, Empfänger, Rezipient und Inhaltsproduzent. Daraus ergibt sich, weg von der One-to-Many-Kommunikation, eine Many-to-Many-

Kommunikation (vgl. Heymann-Reder 2011: S. 20 f.). Hierbei kann man zwischen sieben verschiedenen Social-Media-Usern unterscheiden:

- Creators (Kreative) verfassen ihre eigenen Blogbeiträge und haben ihre eigene Website.
- Conversationalists (Diskutanten) nutzen soziale Medien nur für Statusmeldungen auf bspw. Twitter.
- Critics (Kritiker) nehmen aktiv an Forendiskussionen teil, editieren Wikipedia-Beiträge, schreiben Kommentare zu Blogbeiträgen und veröffentlichen Erfahrungsberichte zu Produkten.
- Collectors (Sammler) beschäftigen sich intensiv mit Newslettern und Blogbeiträgen.
- Joiners (Teilnehmer) nehmen durch ihr eigenes Profil an den sozialen Netzwerken teil.
- Spectators (Zuschauer) sind interessiert an Foren, Blogs, Kundenbewertungen und Podcasts.
- Inactives (Inaktive) sind weder an einem sozialen Profil, noch an Beträgen aus dem Internet interessiert.

Sobald einer oder mehrere dieser Social-Media-Nutzertypen zu Zielkunden für ein Unternehmen werden, muss die gesamte Social-Media-Kommunikation spezifisch auf die Interessen dieser ausgerichtet werden (vgl. Grabs, Bannour und Vogl 2014: S. 87).

Nach vorhergehendem Abschnitt kann man also sagen, dass sich die Social-Media-Kommunikation bzw. das Social-Media-Marketing als eine Weiterentwicklung des Web 1.0 zum Web 2.0 beschreiben lässt. Es handelt sich heute viel mehr um eine Ausführungsplattform mit starker Vernetzung, was für die Unternehmen einen hohen Mehrwert bedeuten kann. Die Kommunikation und Zusammenarbeit von Unternehmen und Social-Media-Nutzern bzw. deren Vernetzung untereinander stehen im Vordergrund. Diese Vernetzung kann sowohl aktiv als auch passiv genutzt werden. Aktive Nutzer gestalten die sozialen Medien mit und bringen sich mit Informationen, Meinungen und auch Erfahrungen ein. Ihr Ziel ist es sich auszutauschen. Passive Nutzer greifen auf die Informationen zu und verwenden diese. Ihr Ziel ist es von dem Nutzen aus den vielen Informationen Gebrauch zu machen (vgl. Bruhn 2016: S. 238).

> „Die Social Media-Kommunikation erfolgt sowohl aktiv als auch passiv, mit dem Ziel
> des gegenseitigen Austausches von Informationen, Meinungen, Eindrücken und Er-
> fahrungen sowie des Mitwirkens an der Erstellung von unternehmensrelevanten In-
> halten, Produkten und Dienstleistungen" (ebd.).

Das Social-Media-Marketing kann somit klar vom traditionellen Marketing abge-
grenzt werden. Wo man sich im traditionellen Marketing noch Zeit genommen hat
für die Strategien, allein nur um sich rechtlich abzusichern, findet heute alles
deutlich schneller statt (vgl. Schwenke 2014: S. 4 f.). Man spricht hierbei vom sogenannten Echtzeit-Marketing, welches die Marketingmaßnahmen beschreibt, die
genau in dem Moment unternommen werden, in dem sich die Gelegenheit dazu
bietet bzw. in der das entsprechende Thema viral ist. Unternehmen reagieren sofort auf aktuelle Themen und können sich so in Geschichten einbringen bzw. diese
unter Umständen auch für sich nutzen. Voraussetzung für eine erfolgreiche Um-
setzung sind vor allem Schnelligkeit und Agilität. Die Größe und Bekanntheit eines Unternehmens spielt allerdings keine Rolle. Es zählt einzig und allein wer sich
die aktuellen Themen zu erst zu Eigen macht (vgl. Meermann Scott 2014:
S. 191ff.).

Das Funktionieren von sozialen Medien kann man sich wie folgt vorstellen.
Grundsätzlich gilt im Social Web das Follower-Prinzip. Follower sind Personen,
die sich durch Interessen dazu entschlossen haben einer bestimmten Person oder
auch einem Unternehmen zu folgen. Der Follower bekommt so alle öffentlichen
Aktivitäten dieser Person bzw. dieses Unternehmens in den sozialen Netzwerken
mit und wird darüber informiert, wenn etwas Neues passiert oder gepostet wird.
Grundvoraussetzung dafür ist es sich ein Nutzer-Profil in einer sozialen Plattform
anzulegen.

Hierbei soll die Person an sich im Vordergrund stehen. Für Unternehmen ist es
wichtig nicht zu stark als dieses aufzutreten, sondern zu versuchen eine Person
mit Persönlichkeit einzunehmen (vgl. Heymann-Reder 2011: S. 22 f.).

> „In sozialen Netzwerken steht der Mensch im Mittelpunkt, nicht die Firma. Viele
> Netzwerke gestatten keine Unternehmenspräsenzen, andere räumen Firmen Mög-
> lichkeiten ein, eine klar als solche erkennbare Firmenseite zu gestalten. Wenn Sie ei-
> ne solche Präsenz einrichten, sollten Sie dennoch versuchen, nicht als Unternehmen,
> sondern als Mensch aufzutreten" (Heymann-Reder 2011: S. 23).

Für Unternehmen liegt die Schwierigkeit oft darin verschiedene Social-Media-
Plattformen miteinander zu verbinden und aufeinander aufzubauen (vgl. ebd.).

Dies hängt aber auch damit zusammen, welche Strategien die Unternehmen in den sozialen Medien verfolgen. Hierbei lassen sich drei Strategieansätze unterscheiden. Die Strategie der Beeinflussung zielt darauf ab, einen aktiven Dialog mit den Kunden zu führen, um sich über die Produkte auszutauschen und so bspw. Meinungsführer in eine Richtung zu leiten. Die Strategie des Mitredens hingegen, ist an dem gegenseitigen Informationsaustausch interessiert, um den Konsumenten und auch Meinungsführern ein Gefühl der Mitsprache zu geben. In der Strategie der Aktivierung geht es mehr darum die Konsumenten und vor allem die Meinungsführer zu aktivieren, ein positives Feedback bzw. eine Weiterempfehlung auszusprechen, um die Kunden durch Vertrauen an die Marke zu binden (vgl. Bruhn 2016: S. 239).

Das Social-Media-Marketing eröffnet den Unternehmen somit viele Chancen und Risiken, die im Sinne des Monitoring ständig überwacht werden sollten. Das Monitoring beschreibt die regelmäßige Analyse der Medien, um herauszufinden, was über einen selbst bzw. das Unternehmen im Internet geschrieben und veröffentlicht wird. Es hat zum Ziel unmittelbar auf diese Veröffentlichungen reagieren zu können (vgl. Weller/Firnkes 2015: S. 233). Zu den Chancen zählt es auf jeden Fall, dass die Unternehmen dort präsent sein können, wo Konsumenten wichtige Informationen und evtl. Verbesserungsvorschläge für Produkte äußern, welche dann in die weitere Produktgestaltung mit einbezogen werden können. Das Risiko liegt wie oben bereits erwähnt zum einen in der Schnelligkeit, bei der gerade rechtliche Fehler entstehen können, aber auch in der eingeschränkten Kontrollierbarkeit von bspw. negativen Stellungnahmen (vgl. Bruhn 2016: S. 240).

2.2 Content-Marketing

Kurz sollte im Zusammenhang von Social-Media-Marketing auch auf das Content-Marketing eingegangen werden. Dies spielt eine zentrale Rolle im Social-Media-Marketing. Grundsätzlich versteht man unter Content-Marketing die aktive Ansprache und Bindung von Zielkunden durch gezielte und relevante Inhalte. Das Content-Marketing selbst existiert schon relativ lange, erlebt nur gerade durch die vermehrte Nutzung von Social Media einen Aufschwung (vgl. Grabs et al. S. 134). Die Akzeptanz der klassischen Werbung hat eher abgenommen und die Nutzung des Internets steigt. Mittlerweile gibt es verschiedene Möglichkeiten die Werbung im Internet weitestgehend zu umgehen z.B. durch AdBlocker. Daraus ergibt sich bei vielen Marketing- und Werbeverantwortlichen die Suche nach einer neuen

Möglichkeit Aufmerksamkeit bei den Zielgruppen zu erlangen (vgl. Stumpf 2016: S. 184 f.).

Der Content soll den Nutzern ein Gefühl von Mehrwert bieten. Werbung und reine Informationen über Produkte stehen somit nicht im Mittelpunkt. Es sind mehr Geschichten die erzählt werden und bei den Kunden Emotionen auslösen sollen, damit sie sich mit der Marke identifizieren können. Diese werden dann auf den Webseiten der Unternehmen, auf Blogs und auf Social-Media-Plattformen verbreitet. Dazu werden z.B. gängige Traditionen und Werte in die Geschichten eingebaut, die bei den Kunden direkt Vertrauen schaffen. Unter einem guten Content versteht man Inhalte, die Probleme der Kunden lösen oder Fragen beantworten. Mittlerweile wird Content-Marketing auch schon als eigene Online-Strategie von einigen Unternehmen genutzt. Nur wenn Unternehmen Content zur Verfügung stellen kann dieser bspw. durch Blogs (siehe 2.3.) verbreitet werden. Zudem ist es auch für potenzielle Konsumenten deutlich einfacher Unternehmen über gezielten und relevanten Content zu finden (vgl. Grabs et al. 2014: S. 134 ff.). Die Verbreitung bzw. das Austauschen von Informationen über die sozialen Netzwerke nennt man auch Social Sharing. Das kann zum einen das Veröffentlichen und Verbreiten eigener Medien wie bspw. von Bildern oder Videos sein und zum anderen auch das Verbreiten von den Inhalten anderer. Auf den meisten Social-Media-Plattformen geschieht das Verbreiten anderer Inhalte über einen einfachen Ein-Klick-Empfehlungsbutton. Die Nutzung dieses Buttons geschieht häufig, indem ein User über einen Inhalt stolpert und diesen mit seiner Community teilen will. Meist sind es also genau die Inhalte, die einzelne Personen im Netz zusammen bringen. Sie werden dadurch darauf aufmerksam, dass sie möglicherweise die gleichen Interessen verfolgen (vgl. Grabs et al. 2014: S. 423 f.).

Guter Content kann nur geschaffen werden wenn man sich intensiv und ausführlich mit den Produkten und der Marke auseinandersetzt, über die etwas geschrieben werden soll. Die Zielgruppe muss genau festgelegt sein, damit die Inhalte auf diese abgestimmt werden kann (vgl. Grabs et al.: S. 134 ff.). Um guten Content zu schaffen müssen Ziele und Themenfelder vorab definiert sein, sowie die passenden Kommunikationskanäle auf denen der Content verbreitet werden soll (vgl. Stumpf 2016: S. 193).

Auch der Erfolg von Blogs ist hauptsächlich auf das Content-Marketing zurück zu führen. Dieser steht bei den Blogs im Mittelpunkt und ist genau das, was die Nutzer lesen, sehen oder hören wollen (vgl. Weller/Firnkes 2015: S. 63).

2.3 Blog

Wie in den vorherigen Kapiteln bereits erläutert, steigt die Bedeutung von Social Media ständig. Ein wichtiger Bestandteil dieser ist der Blog, die Kurzform von Weblog, welches sich aus den Wörtern „World Wide Web" und „Logbuch" zusammensetzt. Damit ist erst einmal nichts Anderes gemeint, als eine Website, auf der eine Art Tagebuch geführt und veröffentlicht wird (Horn/Fiene 2008: S. 10). Durch einfachste Technologie geben Blogs jedem die Möglichkeit Content zu erschaffen. Hierbei können beliebige Themen ausgewählt werden, die dem Verfasser am Herzen liegen bzw. die er mit seiner Mitwelt teilen möchte. Für Unternehmen entsteht durch den Blog ein ideales Marketinginstrument (vgl. Meermann Scott 2014: S. 117 ff.). „Eine unbeträchtliche Anzahl von Menschen betreibt das Bloggen aus Marketing-Zwecken; einige haben erstaunlichen Erfolg damit" (Meermann Scott 2014: S. 117).

Erstmalig wird der Begriff Weblog vom Programmierer und Philosoph Jørn Bager im Jahre 1997 gebraucht. Die erste Definition seines Weblogs „Robot Wisdom" bezeichnet aber eher eine Sammlung von Links. Aber auch davor, bereits Mitte der 1990 Jahre, gab es die ersten tagebuch- und journalartigen Websites, die man aus heutiger Sicht als Weblog beschreiben könnte (vgl. Eberbach, Glaser und Heigl 2008: S. 58). Erst 1999, durch das Veröffentlichen zahlreicher Tools, schaffte der Blog seinen Durchbruch. Plattformen wie bspw. Blogger.com ermöglichten es jedem Nutzer innerhalb von wenigen Minuten selber zum Blogger (siehe Kapitel 2.4.) zu werden (vgl. Horn/Fiene 2008: S. 10 f.).

Eine genaue Anzahl der Blogs heute, sowohl weltweit, als auch in Deutschland, ist nicht zu ermitteln. Es gibt viele Schätzungen über die Anzahlen. So auch die Schätzung von Christian Buggisch im Jahr 2016 mit rund 200.000 sehr aktiven Blogs in Deutschland. Zudem schätzt er die Zahl der deutschsprachigen Blog-Posts auf ca. 2.000.000 Stück im Monat (vgl. Buggisch 2016).

Je nach Ziel oder Thematik lassen sich Blogs in verschiedene Arten einteilen:

- Personal Blogs: Die Verfasser schreiben über sich und ihr Leben und die Schreibweise gleicht einem Tagebuch

- Metablogs: So werden Blogs bezeichnet, die sich mit anderen Blogs auseinandersetzen und diese auf ihrem Blog vorstellen

- Fotoblogs: Bei diesen liegt der Schwerpunkt, wie schon im Namen erkennbar, in der Veröffentlichung von Fotos

- Projektblogs: Hierbei handelt es sich um eine Aufzeichnung der einzelnen Schritte von einem Projekt, wie bspw. einem Uniprojekt

- Video- und Audioblogs: Auf so einer Art Blog werden Videos oder Audiodateien veröffentlicht, wie bspw. Podcasts

- Corporate Blogs: Diese werden von Unternehmen selbst mit Informationen gefüllt und sind somit in den sozialen Medien eines der wichtigsten Blogs. Es können Informationen über das Unternehmen oder auch Produktwerbung veröffentlicht werden.

- Tumblrblogs: Hier werden kommentarlos Links, Zitate, Bilder, Texte und Videos geteilt, die mehr als Fundgrube dienen sollen

- Themenblogs: Wie der Name schon sagt, werden auf diesen Blogs entsprechende Themen behandelt, so z.B. die Themen Literatur oder Politik (Horn/Fiene 2008: S. 12-15).

Ein gutes Beispiel für einen Themenblog ist der Modeblog, bei dem sich der Blog vor allem auf das Thema Mode konzentriert. Die Verfasser zeigen hier entweder ihre eigenen Looks oder die Looks von anderen Menschen, die sie bspw. auf der Straße fotografiert haben. Hierbei konzentrieren sie sich meist auf einzelne Aspekte, wie bspw. bestimmte Designer, modische Vorbilder oder Modestile. Oft geben sie zudem Informationen über ihre Modeeinkäufe bzw. sprechen Empfehlungen aus. Bereits vor über 10 Jahren gab es die ersten Modeblogs. Damals hatte aber noch keiner der Verfasser damit gerechnet, wie wichtig die Blogs für die Modebranche werden könnten. Heute zählen die Modeblogger zu den wichtigsten Einflussfaktoren der Modebranche. In Deutschland soll es ca. 7.650 Modeblogs geben. Die Modebranche kann sich diesem Wandel nicht mehr entziehen (vgl. Herbst 2014).

Unternehmen die versuchen Onlinerezensionen und Diskussionen über ihre Produkte auf Blogs zu ignorieren werden auf Dauer keinen Erfolg haben. Am besten ist es diesen auch mit eigenen Unternehmensprofilen zu begegnen und das Gesagte ernst zu nehmen (vgl. Meermann Scott 2014: S. 122).

> „Unternehmen, die unabhängige Produktrezensionen und Diskussionen über ihre Servicequalität in Blogs ignorieren, leben gefährlich. Unternehmen, die nicht über eigene authentische und menschliche Blogstimmen verfügen, werden von den Menschen zunehmend misstrauisch beäugt, die aufmerksam verfolgen, was in Blogs gesagt wird" (ebd.).

Wichtig für die Unternehmen ist es präsent zu sein und Interesse für Welt der Blogger zu zeigen. Das Nutzen von Blogs kann für Unternehmen unterschiedlich aussehen. Im Grunde gibt es 4 verschiedene Möglichkeiten die jedes Unternehmen hat. Es gibt zum einen die Möglichkeit nur als Zuschauer zu agieren und sich seinen Zielmarkt genauer anzusehen. Hier können wichtige Informationen in Bezug auf die Meinung über die Produkte und das Unternehmen aus Blogs gefiltert werden. Diese Strategie ist gerade für die Anfangsphase von Vorteil. Eine andere Möglichkeit besteht darin, sich aktiv zu zeigen und auf den Blogs anderer Kommentare zu hinterlassen und den Standpunkt seines Unternehmens klar zu machen. Auch eine Möglichkeit bietet die Zusammenarbeit mit Blogs. Dazu würden dann auch die oben genannten Kooperationen zwischen Modeunternehmen und Blogs gehören. Die Blogs berichten dann gezielt von einem Unternehmen und/oder deren Produkten. Die vierte Möglichkeit besteht darin, einen eigenen Blog einzurichten, in dem regelmäßig Blogbeiträge veröffentlicht werden (vgl. Meermann Scott 2014: S. 124). Die unterschiedlichen Arten der Nutzung geben viele Vorteile für Unternehmen. Auf der einen Seite können Kunden beraten werden, einen Einblick in das Unternehmen erlangen und das Unternehmen kann wichtige Zusatzinformationen über Produkte geben. Auf der anderen Seite kann ein Feedback von den Kunden eingeholt werden und diese können zudem ihre Bedürfnisse und Erfahrungen an das Unternehmen weitergeben (vgl. Heymann-Reder 2011: S. 171). Dies ist alles möglich durch den direkten Dialog mit den Kunden bzw. dem sogenannten Direktmarketing. Das Direktmarketing beschäftigt sich mit allen Marketingmaßnahmen, die einen möglichen Kunden aktiv ansprechen sollen (vgl. Schwenke 2014: S. 356).

Gerade durch diese direkte und vor allem öffentliche Ansprache ist es sehr wichtig, einige allgemeine Gesetzte im Blick zu behalten. Eines der wichtigsten ist das Gesetz über Urheberrecht und verwandte Schutzrechte (kurz Urhebergesetz, abgekürzt UrhG), welches dann zum Einsatz kommt, wenn fremde Bilder, Videos oder Texte genutzt werden. Ein anderes, ebenfalls sehr wichtiges Gesetz, in der Welt der Blogs, ist das Gesetz über den Schutz von Marken und sonstigen Kennzeichen (kurz Markengesetz, abgekürzt MarkenG). Hierzu zählt jegliche Verwendung von Benutzernamen, fremden Markenlogos oder dem Zeigen von Markenprodukten. Die Impressumspflicht ist durch das Telemediengesetz (abgekürzt TMG) geregelt. Das Gesetz gegen den unlauteren Wettbewerb (abgekürzt UWG) regelt in erster Linie, dass Schleichwerbung, durch eine klare Erkennbarkeit von kommerziell motivierten Handlungen, vermieden wird. Außerdem gewährleistet es einen fairen Wettbewerb unter Mitbewerbern (vgl. Schwenke 2014: S. 3). Gerade das Social Web bietet „einen idealen Nährboden für die sogenannte Schleichwerbung" (Schwenke 2014: S. 296). Diese liegt dann vor, wenn für Verbraucher, in diesem Fall die Follower, eine werbliche Aussage nicht klar erkennbar ist. Das Trennungsgebot schreibt vor inwieweit ein Hinweis auf das Sponsoring erfolgen muss. Bekommt der Verfasser eines Blogs z.B. Produkte zum freiwilligen testen zugeschickt ist es ihm frei gestellt dieses auch zutun bzw. darüber zu schreiben. Sollten es die Produkte in einen Blogbeitrag schaffen, reicht hier ein kleiner Hinweis darauf, dass die Produkte vom Hersteller kostenlos zur Verfügung gestellt wurden. Wenn allerdings ein verpflichtender Vertrag zwischen dem Unternehmen und dem Blogbetreiber stattgefunden hat, in dem z.B. ein Blogbeitrag als Gegenleistung für die Zusendung von Produkten verhandelt wurde, muss dies klar als Werbung gekennzeichnet werden. Diese gesponserten Beiträge werden Advertorials genannt (vgl. Schwenke 2014: S. 302 f.).

Gerade die noch nicht ausgereifte Rechtsauslegung, in Bezug auf Blogs, verbirgt viele Gefahren für die Blogbetreiber. Vor allem im Affiliate-Bereich kommt es hier häufiger zu Abmahnungen (vgl. Weller/Firnkes 2015: S. 365 f.). Ein Affiliate-Blog refinanziert sich vor allem durch Kooperationen mit Unternehmen bzw. durch die damit erzielten Einnahmen (vgl. Weller/Firnkes 2015: S. 35). Die Blogbetreiber müssen sich darüber bewusst sein, dass sie für alle Links und alle Inhalte, die sie teilen haftbar gemacht werden können, weswegen sie sich mit den Gesetzen vorher genauestens auseinandersetzen sollten. Sollte es zu einer Abmahnung kommen, müssen sie mit hohen Kosten rechnen (vgl. Rohrlich 2016: S. 91-97). Kommen die Abmahnungen z.B. vom Verband sozialer Wettbewerb sind es meist nur einige hundert Euro mit denen gerechnet werden muss. Kommen die Abmahnungen allerdings von Rechtsanwälten der Wettbewerber muss von Summen im vierstelligen Bereich ausgegangen werden (vgl. Internetrecht-Rostock.de 2018).

2.4 Blogger

Als Blogger bezeichnet man grundsätzlich die Autoren und Betreiber eines Blogs. Diese veröffentlichen entweder als Einzelperson oder mit einem ganzen Autorenteam Blogbeiträge und Blogartikel auf ihren Blogs. Meist geht es hierbei um die persönliche Sicht des Bloggers selbst. Man kann zwischen A-, B- und C-Bloggern unterscheiden. Die A-Blogger haben meist eine riesige Reichweite und werden täglich von mehreren Tausend Nutzern verfolgt. Zu den B-Bloggern gehören alle Blogger, die um die 1000 Nutzer täglich verzeichnen können. Die C-

Blogger, welche den Großteil der Blogger ausmachen, haben meist noch weniger als 100 Nutzer täglich (vgl. Grabs et al. 2014: S. 242-250). Blogger werden mittlerweile auch als eine Art Journalist gesehen. Durch ein hohes Maß an Professionalität stehen sie bspw. den Modejournalisten in kaum noch etwas nach (vgl. Herbst 2014).

> „Blogger sind in vieler Hinsicht die Journalisten von heute, und die von ihnen geschaffenen Medien nicht weniger wichtig als die so genannten Qualitätsmedien, die Fachzeitschriften und Print-Publikationen" (Heymann-Reder 2011: S. 167).

Das wichtigste für jeden Blogger ist es, die Nutzerzahlen seines Blogs bzw. seines Profils nach und nach zu steigern. Nur durch eine hohe Anzahl an Followern bzw. Lesern bekommt sein Anliegen eine Bedeutung, er kann Einnahmen erzielen oder Unternehmen für Kooperationen anlocken. Hierbei gibt es einige wichtige Kennzahlen, die ein Blogger im Blich haben muss. Es gibt zum einen die Anzahl der Seitenaufrufe und zum anderen die Anzahl der Seitenbesuche. Die Seitenaufrufe lassen sich unterteilen in die Gesamtanzahl der Aufrufe pro Einzelseite des Blogs (das heißt: wiederholte Aufrufe der gleichen Person werden mitgezählt) und in die eindeutige Anzahl der Seitenaufrufe (das heißt: wiederholte Aufrufe werden nicht mitgezählt und zählen somit als ein Aufruf). Auch die Anzahl der Besuche lässt sich unterteilen in die Gesamtanzahl der Besuche und die eindeutige Anzahl der Besuche. Die Gesamtanzahl der Besuche beschreibt wie oft der ganze Blog (mit allen Einzelseiten) besucht wurde, wobei wiederholte Besuche der gleichen Person mitgezählt werden. Im Gegensatz dazu misst die eindeutige Anzahl der Besuche die Anzahl der tatsächlichen Besucher, welche bei wiederholtem Besuch nur einmal gezählt werden (vgl. Weller/Firnkes 2015: S. 41 f.).

In den USA wird der Beruf Blogger bereits seit Jahren als solcher anerkannt, wohingegen es die Blogger bspw. in Deutschland noch eher schwer haben, anerkannt zu werden (vgl. Weller/Firnkes 2015: 351). Doch in den letzten Jahren finden die Unternehmen immer weniger Gehör bei potenziellen Kunden, weswegen sie die Blogger vermehrt als Marketingkanal nutzen. Diese finden Gehör und verfügen über eine große Reichweite (vgl. Weller/Firnkes 2015: S. 373 f.). Genau durch diesen Einfluss werden Blogger vermehrt auch Influencer bzw. Meinungsführer genannt. Diese zeichnen sich durch einen hohen Grad an Vernetzung und somit einer großen Reichweite aus. Zudem gelten sie meist als themenkompetent und erhalten so ein großes Vertrauen bei ihren Lesern (vgl. Grabs et al. 2014: S. 60).

Influencer-Marketing ist somit schon ein wichtiger Bestandteil im Marketingmix. Dies haben auch einige Agenturen erkannt, die sich speziell mit dem Influencer-Marketing beschäftigen und sich zur Aufgabe gemacht haben Unternehmen und Influencer zusammen zu führen (vgl. Nirschl/Steinberg 2018: S. 12-14). Gerade in der Modebranche gewinnt das Influencer-Marketing immer mehr an Bedeutung (vgl. Sturm 2018: S. 22). „Wo Reichweite und Konsumentenvertrauen gebündelt werden, lässt sich ideal auch Kleidung verkaufen" (ebd.). In der Modebranche können die Blogger zum einen Aussteller der aktuellen Kollektionen und zum anderen auch Inspiration für neue Kollektionen sein (vgl. Sundermann 2015). Längst geben schon nicht mehr nur die Designer die Trends vor, sondern vor allem die Blogger. Sie inspirieren ihre Follower und locken diese schließlich in die Unternehme (vgl. Herbst 2014). Die Modeblogger werden zu den Modenschauen und Präsentationen verschiedenster Labels eingeladen und tragen dabei meist die neuen Kollektionen, welche sie von den Designern geschenkt bekommen (vgl. Sundermann 2015). Sie sind bereits ein fester Bestandteil in Mode-Magazinen und immer häufiger auch auf dem Cover zu sehen. Viele Modeunternehmen nutzen dies und gehen Kooperationen mit den Modebloggern ein. Es gibt bereits einige Kollektionen die in Zusammenarbeit mit Modebloggern entstanden sind (vgl. Herbst 2014). Die meisten Modeblogger können von ihren Einkünften allerdings nicht leben. Nur wenige verdienen so viel, dass sie sich hauptberuflich auf das Bloggen konzentrieren können (vgl. Sundermann 2015).

Für die Blogger gibt es verschiedene Möglichkeiten sich zu finanzieren. Da wäre zum einen das Affiliate-Marketing. Der Blogger verdient hier Geld indem die Follower die beworbenen Produkte kaufen. Dies funktioniert folgendermaßen: Der Blogger bewirbt bzw. empfiehlt Produkte auf seiner Blog-Plattform und versieht diese mit einem Link, der direkt auf die Seite des Produktherstellers führt. Für jeden Kauf eines Produktes durch diesen Link, bekommt der Blogger eine Provision, die sich meist auf eine Summe von 3%-10% des Verkaufspreises beläuft. Eine andere Möglichkeit Geld mit dem Bloggen zu verdienen ist die Bannerwerbung. Hierbei bezahlt ein Unternehmen einen Blogger dafür, dass er eine Anzeige auf seinem Blog platziert. Die Beträge, die ein Blogger hier verdienen kann, hängen von seiner Reichweite und natürlich der Größe und Dauer der Anzeige ab. Eine ebenfalls lukrative Methode, um Einnahmen zu erzielen, ist das Einsetzen von Advertorials (wie in 2.3. schon beschrieben). Die Blogger können mit diesen gesponserten Posts im Durchschnitt rund 300 Euro pro Beitrag verdienen. Am meisten verdient ein Blogger aber durch Kooperationen mit Unternehmen.

Aber nicht immer geht es bei Kooperationen um Geld, oftmals enthält der Blogger als Entlohnung die beworbenen Produkte (vgl. ebd.). Da die Blogger mittlerweile aber selber hohe Kosten haben, z.B. durch Equipment, Programme oder teilweise auch Büroräume, geben sich die wenigsten mit dieser Entlohnung zufrieden und fordern ein entsprechendes Honorar. Außerdem gibt es noch die Möglichkeit von Unternehmen bezahlt zu werden, in dem man zu bestimmten Events erscheint oder sogar vor Ort den Social-Media-Account des Unternehmens für den Zeitraum des Events übernimmt. Noch eher vereinzelt werden die Blogger auch schon als Models für große Fashion Shows oder Schauspieler gebucht. Allerdings kommt es schon häufiger vor, dass Blogger die Gesichter von bspw. Kampagnen sind (vgl. Wanka 2015).

Insgesamt gilt aber für alle oben genannten Methoden, dass das monatliche Einkommen eines Bloggers von der Reichweite seiner Blog-Plattformen abhängig ist. Die meisten Blogs verdienen hier nicht mehr als 1.000 Euro brutto im Monat. Es gibt nur wenige, die monatliche Umsätze von 3.000 bis 5.000 Euro brutto verzeichnen können (vgl. ebd.).

2.5 Instagram

Instagram ist eine Foto- und Video-Sharing-Applikation, die extra für Smartphones entwickelt wurde und für die Nutzer komplett kostenlos ist. Die Nutzer können hier auf einfachstem Wege Fotos und Videos erstellen, bearbeiten und letztendlich mit ihrer Instagram-Community teilen. Dadurch, dass die App auch mit anderen Social-Media-Kanälen verknüpft ist, können Bilder und Videos auch direkt dort veröffentlicht werden (vgl. Kobilke: S. 14).

Die App wurde am 6. Oktober 2010 von Kevin Systrom und Mike Krieger eingeführt. Innerhalb weniger Stunden befand sie sich schon auf Platz 1 der Apple-iTunes-Charts für Gratis-Foto-Apps. Bereits nach einer Stunde konnten die Entwickler der App mehr als 10.000 Nutzer und nach einer Woche rund 200.000 Nutzer verzeichnen. Für viele Nutzer war Instagram die Foto-App auf die man gewartet hatte. Gerade durch die vielen Möglichkeiten der Bildbearbeitung und Filter gelang der App ein riesen Aufschwung. Sie ermöglicht es jedem Nutzer schöne Bilder zu machen und dies auch ohne fotografische Ausbildung oder einer kostspieligen Kamera. Schnell und einfach können diese dann mit Freunden und Bekannten geteilt werden (vgl. Koblike 2014: S. 15 f.). Am 9. April 2012 wurde Instagram für 1 Mrd. Dollar von Facebook aufgekauft und erzielt heute bereits Werbeeinnahmen von mehr als 2,5 Mrd. Dollar (vgl. Smith 2018).

Mittlerweile kann man auch soziale Medien als eine moderne Art von Blogs ansehen, weil es auch hier vorrangig um eine Verbreitung von Inhalten (Content) geht (vgl. Rohrlich 2016: S. 15 f.). Die Modeblogger und Influencer sind hier mit Millionen von Followern vertreten und beeinflussen das Kaufverhalten dieser. Die Nutzer wollen, durch gezieltes Verfolgen, Inhalte über Produkte erfahren und nehmen daher die Werbung anders wahr. Seit März 2017 ist es zudem möglich direkt über Instagram tausende Mode-, Accessoires- und Kosmetik-Artikel zu bestellen (vgl. Eschborn 2017).

Heute hat Instagram 800 Mio. aktive Nutzer monatlich und 500 Mio. aktive Nutzer täglich. Mehr als 60% nutzen es täglich, was Instagram, nach Facebook, zur zweithäufigsten genutzten Plattform macht. Dabei sind 90% der Instagram-Nutzer jünger als 35 Jahre. Vor allem in den USA wird das Netzwerk sehr viel genutzt. Hier sind bereits 96% der US Modemarken auf Instagram vertreten. Insgesamt 50% der Instagram-Nutzer folgen diesen Marken. Deswegen gilt Instagram auch als das Netzwerk, bei dem es am wahrscheinlichsten ist, dass ein Kontakt zwischen Unternehmen und Kunden entsteht (vgl. Smith 2018). „Das Engagement mit Marken liegt auf Instagram 10-mal höher als auf Facebook" (Smith 2018). Für die Zukunft gibt es viele bedeutende Kriterien, die dafürsprechen, dass Instagram als Marketing-Instrument wichtiger wird. Erstens steigt die Zahl der Menschen im Besitz eines Smartphones und Instagram ist extra dafür entwickelt worden. Zweitens steigt auch die Zahl der Nutzer auf Instagram ständig, wie man an den bereits erwähnten Zahlen erkennen kann. Allein in Deutschland liegt die Zahl bereits bei 9 Mio. Nutzern. Drittens nimmt das Verständnis von Unternehmen und Marken für Instagram stetig zu (vgl. Faßmann/Moss 2016: S. 19 ff.).

Instagram gehört momentan zu einem der wichtigsten Orte im Social Web, um sich über Mode zu informieren bzw. auszutauschen. Im Jahr 2017 war der Hashtag „fashion" nach dem Hashtag „love" der zweitbeliebteste auf der Foto-Plattform (vgl. Cohrs 2018). In diesem Zusammenhang sollte auch kurz der Begriff Hashtag beschrieben werden, welcher sich aus den beiden Wörtern „Hash" (Raute) und „Tag" (Markierung) zusammensetzt und von den Nutzern, in Form des Raute-Symbols, vor ein bestimmtes Schlagwort gesetzt wird. Sie werden dabei direkt in einen Link umgewandelt, damit andere Nutzer genau nach diesen Hashtags suchen bzw. sie filtern können. Würde ein Nutzer von Instagram also nach einem bestimmten Hashtag suchen, würden ihm alle Bilder angezeigt, die vorher von anderen Nutzern mit dem Hastag versehen wurde. Diese können dann bspw. Hintergründe oder Informationen zu den geposteten Bildern geben oder auch Diskussionen auslösen zu bestimmten Themen. Heutzutage werden Hashtags vermehrt auch außerhalb der sozialen Plattformen für Werbezwecke eingesetzt (vgl. Kobilke 2014: S. 33 f.).

Eine klare Grenze kann in der Modebranche, auch auf Instagram, nicht mehr zwischen Bloggern und Werbung gezogen werden. Dies kommt vor allem durch die steigende Anzahl der Kooperationen zwischen Bloggern und Marken. Rund 76% der Blogger geben an, dass sie am liebsten mit Marken aus der Modebranche zusammenarbeiten. Ende 2017 hatte sich Instagram mehr Transparenz auf der Plattform zum Ziel gesetzt. Es wurde eine Markierung eingeführt mit den Worten „Paid Partnership", der durch eine Verknüpfung mit den Posts verdeutlichen sollte, welcher Beitrag von einem Unternehmen gesponsert wird und welcher nicht. Diese Markierung erscheint direkt unter dem Nutzernamen und somit über dem geposteten Bild bzw. Video. Die Nutzung wird den Bloggern allerdings nicht klar vorgeschrieben, sondern nur angeboten. Somit liegt es immer noch in der Hand des Bloggers, ob er Kooperationen markieren möchte oder nicht (vgl. Rösch 2017).

3 Vertrauen & Glaubwürdigkeit

Im zweiten Teil des Theorieteils geht es um die Begrifflichkeiten Vertrauen und Glaubwürdigkeit. Diese werden zunächst unterteilt und einzeln definiert. Im späteren Verlauf werden beide Begrifflichkeiten im Zusammenhang mit Bloggern und den sozialen Medien betrachtet.

3.1 Vertrauen

Das Vertrauen lässt sich als eine Art Beziehungsdimension beschreiben. Und zwar besteht diese Beziehung zwischen Vertrauensgeber und Vertrauensnehmer. Der Vertrauensgeber ist derjenige, der einem anderen vertraut und der Vertrauensnehmer ist derjenige, dem vertraut wird. Diese Beziehung sollte im besten Falle eine wechselseitige Beziehung sein, so dass jeder mal die Rolle des Vertrauensgebers bzw. die des Vertrauensnehmers einnehmen kann. Wenn man jemandem vertraut ist man bereit, die Kontrolle und die Verantwortung abzugeben, weswegen Vertrauen als etwas sehr Kostbares für den Menschen gilt (vgl. Nöllke 2016: S. 17-22). Der Vertrauensnehmer hat an den Vertrauensgeber eine gewisse Erwartung, bezogen auf die zukünftigen Ereignisse. Diese Erwartungen spiegeln aber meist die Kenntnisse aus vergangenen Ereignissen wieder und basieren somit auf bereits gemachten Erfahrungen (vgl. Bentele/Seidenglanz 2015: S. 411). Grundsätzlich ist Vertrauen so etwas wie die Grundeinstellung eines jeden Menschen. Anfangs schätzen sich alle Menschen gegenseitig als vertrauenswürdig ein. Bereits im ersten Moment des Kennenlernens wird anhand von verschiedenen Signalen wie bspw. der Stimme, der Mimik und der Körpersprache entschieden, wie sehr einem anderen Menschen vertraut wird. Dabei gilt aber immer, dass er als vertrauenswürdig angesehen wird, solange er keine Anzeichen macht das Gegenteil anzunehmen (vgl. Nöllke 2016: S. 60 f.). Vertrauen kann aber nicht nur Menschen entgegen gebracht werden. Auch das Vertrauen in bestimme Gegenstände, Institutionen, Umstände oder Systeme bzw. in ihr Funktionieren ist möglich (vgl. Bentele/Seidenglanz 2015: S.412).

> „Man vertraut nicht nur Aussagen von Akteuren, sondern auch den technischen, instrumentalen und problemlösungsbezogenen Aspekten von Gegenständen (z.B. Autos), Institutionen (z.B. Arbeitslosenversicherung, Parteien), Umständen (z.B. Wetterlage) oder sozialen Systemen (z.B. dem Rentensystem, der Marktwirtschaft oder der parlamentarischen Demokratie); natürlich graduell in unterschiedlichem Ausmaß" (ebd).

Um ein tieferes Vertrauen bspw. zu einer Person aufzubauen braucht es aber mehr Zeit (vgl. Nöllke 2016: S. 61). Zudem gehört zu einem tieferen Vertrauen ein gewisses Maß an Vertrautheit. Das bedeutet, dass man die Person sehr gut kennen muss, um sie schließlich gut einschätzen zu können. Dazu zählen vor allem schon gemachte Erfahrungen, bei der sich die Person, der man vertrauen soll, bereits bewährt hat und man ihr unterstellen kann, sich beim nächsten Mal genau so zu verhalten (vgl. Nöllke 2016: S. 22).

Das Vertrauen lässt sich in zwei Säulen unterteilen. Auf der einen Seite steht die Loyalität und auf der anderen Seite die Kompetenz. Mit der Loyalität ist das Wohlwollen der Person gemeint, der vertraut wird. Dies zeichnet sich durch eine Übereinstimmung des Redens und des Handelns aus bzw. dass die Person einhält, was sie zugesagt hat. Den Glauben an die Kompetenz hingegen, muss der Vertrauensgeber dem Vertrauensnehmer entgegenbringen. Er muss davon überzeugt sein, dass der Vertrauensnehmer kompetent genug ist, das Erwartete auch zu erfüllen (vgl. Nöllke 2016: S. 29). Am besten entsteht ein Vertrauensverhältnis, wenn beide Personen ehrlich sind und ihre Persönlichkeiten mit einbringen. Diese Eigenschaft eines Menschen wird auch Authentizität genannt. Menschen die sehr authentisch wirken bzw. es auch sind gelten als vertrauenswürdig (vgl. Schäfer 2015: S. 73). „Authentisch zu sein bedeutet, echt und ungekünstelt zu seiner Persönlichkeit zu stehen und ehrlich zu sich selbst zu sein" (Schäfer 2015: S. 73).

Im sozialen Netz gilt Vertrauen als die Basis aller Handlungen. Man muss im Netz darauf vertrauen, dass das was sich hinter etwas verbirgt auch wirklich das ist, was es vorgibt zu sein. Ein Beispiel hierfür sind bezahlte Inhalte oder Links auf Bloggerseiten. Unter Vertrauen wird verstanden, dass diese dementsprechend gekennzeichnet sind und der Leser dies klar erkennen kann bzw. darauf vertrauen kann. Nur durch Vertrauen und ungeschriebene Regeln in den sozialen Medien funktioniert bspw. die Form des heutigen Blogs bzw. des Bloggens (vgl. Weller/Firnkes 2015: S. 27).

3.2 Glaubwürdigkeit

Die Glaubwürdigkeit lässt sich als ein Teil des Vertrauens beschreiben. Sie findet alltäglich ihre Anwendung in der Gesellschaft und es handelt sich dabei um eine Art Bereitschaft, die Aussagen anderer Menschen als richtig zu bewerten (vgl. Bentele/Seidenglanz 2015: S. 412).

> Die Glaubwürdigkeit „[…] kann als eine Eigenschaft bestimmt werden, die Menschen, Institutionen oder deren kommunikativen Produkten (mündliche oder schriftliche Texte, audiovisuelle Darstellungen) von jemandem (Rezipient) in Bezug auf etwas (Ereignisse, Sachverhalte etc.) zugeschrieben wird" (ebd.).

Betrachtet man das Wort Glaubwürdigkeit zudem genauer, fällt auf, dass es unter anderem aus dem Wort Glauben besteht. Man schenkt der Person und ihren Aussagen Glauben und entzieht ihr diesen Glauben, wenn es Hinweise darauf gibt, dass dieser nicht gerechtfertigt ist (vgl. Dernbach/Meyer 2005: S. 15).

Grundsätzlich hat die Glaubwürdigkeit in verschiedenen Bereichen auch verschiedene Bedeutungen. Im juristischen Bereich wäre es z.B. die aufrichtige Aussage des Zeugen und in den Medien wäre es die verlässliche Herkunft der Informationen (vgl. Hoepner 2017: S. 8). Somit geht jeder davon aus, ohne den Beweis dafür zu haben, dass die Informationen die man bekommt wahr sind (vgl. Dernbach/Meyer 2005: S. 15).

Die Glaubwürdigkeit kann somit als eine Art Wahrnehmung einzelner Menschen beschrieben werden. Sie bildet die Basis jeder Kommunikation, was soviel heißt wie: Wenn man sich mit jemandem unterhält und diesen als unglaubwürdig wahrnimmt, wird es nie eine richtige und ehrliche Kommunikation zwischen beiden Parteien geben. Wer auf seinem Gebiet kompetent wirkt, authentisch bzw. offen und ehrlich kommuniziert, wird in der Kommunikation eher als glaubwürdig wahrgenommen. Zudem werden Personen eher als glaubwürdig eingeschätzt, wenn sie sich in ihren Aussagen nicht wiedersprechen und zu ihrem Wort stehen (vgl. Mast 2016: S. 294).

3.3 Vertrauen & Glaubwürdigkeit von Bloggern

In einer Studie des WDR wurden im Februar 2018 rund 1.000 Menschen befragt inwieweit sie die deutschen Medien als glaubwürdig ansehen. Die Studie wurde bereits im Jahr 2015 und 2016 durchgeführt und der Vergleich zeigt, dass die Glaubwürdigkeit der deutschen Medien im allgemeinen seitdem gestiegen ist. Das Internet als Informationsquelle halten hierbei rund 30% für glaubwürdig. Die sozialen Medien im Internet werden allerdings als weniger glaubwürdig eingeschätzt. Hier sind es lediglich 5%, was ein Minus von 3% zur Befragung im Jahr 2016 bedeutet. Sogar 75% der Befragten bewerteten die sozialen Medien mit „weniger glaubwürdig". Somit kann man sagen, dass die Glaubwürdigkeit der sozialen Medien nicht hoch ist und seit 2016 sogar noch einmal abgenommen hat (vgl. WDR 2018).

In den sozialen Medien sorgt alleine der ständige Verdacht, dass etwas nicht wahr ist, z.B. weil es durch finanzielle Mittel von Unternehmen unterstützt wurde dafür, dass das vertrauensvolle Klima vergiftet wird. Dabei erhöht natürlich jeder Fall der an die Öffentlichkeit kommt das bereits bestehende Misstrauen und die Glaubwürdigkeit sinkt. Die Kontrolle, um dieses Misstrauen aus der Welt zu schaffen, wird erschwert durch eine dauerhaft steigende Summe an Online-Content, der vor allem durch bekannte Blogger produziert wird (vgl. Firnkes 2015: S. 120 ff.). Die meisten Follower haben hierbei aber nichts gegen Werbung durch Blogger. Im Gegenteil – Viele Follower suchen gerade nach Produktinformationen und anderen Meinungen im Internet. Es wird erst dann zum Störfaktor wenn die Werbung klar im Vordergrund steht oder der Blog bzw. die soziale Plattform ggf. nur noch aus Werbung besteht. Die Ungläubigkeit gegenüber den Bloggern entsteht, wenn die finanzierten Posts nicht entsprechend gekennzeichnet werden und man sie nicht mehr von den anderen unterscheiden kann (vgl. Weller/Firnkes 2015: S. 29). Dabei sind gerade für die Blogger das Vertrauen und die Glaubwürdigkeit eines der wichtigsten Faktoren um erfolgreich zu sein. Follower fühlen sich auf Blogs deutlich wohler, die nicht den Anschein machen, als wäre alles werblich oder als wolle sich der Blogger nur selbst darstellen bzw. verkaufen. Vertrauen und Authentizität bei seinen Followern kann ein Blogger nur aufbauen indem er seine Persönlichkeit miteinfließen lässt und dabei immer ehrlich ist. Gerade auch Wissenslücken oder das Nicht-perfekt-sein wird bei den Followern als etwas Positives angesehen (vgl. Weller/Firnkes 2015: S. 180).

Sobald die Follower es einmal mitbekommen, dass Beiträge nicht entsprechend gekennzeichnet wurden und somit Schleichwerbung sind, kann der komplette Ruf eines Bloggers, bezogen auf die Glaubwürdigkeit und das Vertrauen, zerstört sein. Dies kann auch rechtliche Folgen haben und im schlimmsten Fall zu einer Abmahnung führen. Nicht nur der Ruf des Bloggers steht auf dem Spiel, sondern auch der Ruf des Unternehmens, von dem die Produkte kommen (vgl. Weller/Firnkes 2015: S. 373 f.). Wenn Anzeigen hingegen klar gekennzeichnet sind und somit eine gewisse Glaubwürdigkeit bei den Followern generiert wird, ist die Wahrscheinlichkeit höher, dass den Empfehlungen auch Glauben geschenkt wird und so letztendlich Produkte nachgekauft werden (vgl. Lis/Korchmar 2013: S. 3).

Gerade die Glaubwürdigkeit bekannter Modeblogger wird in den letzten Monaten besonders unter die Lupe genommen und in den sozialen Medien gibt es verschiedene Debatten darüber, dass Kooperationen mit Unternehmen nicht ausreichend gekennzeichnet werden. Dies führt in der Modebranche aktuell dazu, dass den Modebloggern nicht mehr ganz so viel Glaubwürdigkeit seitens der Follower entgegen gebracht wird (vgl. Eschborn 2017). Aber nur so hat der Blogger die Möglichkeit zu wachsen bzw. bekannter zu werden. Die Qualität eines Blogs wird nämlich immer an seiner Reichweite und somit an der Anzahl der Follower gemessen (vgl. Weller/Firnkes 2015: S. 201). Um diesen Ansprüchen gerecht zu werden nutzen einige Blogger, gerade um zu wachsen, Mittel und Wege um die Followerzahlen in die Höhe zu treiben. Einige bedienen sich hierbei auch an sogenannten Fake-Followern. Diese sind gekaufte Follower, die sich in Wirklichkeit nicht für den Blog bzw. das Profil interessieren, sondern dafür bezahlt werden dem Blog zu folgen oder Posts zu liken. Generiert werden diese Fake-Follower über sogenannte Bot-Agenturen, hinter denen sich meist automatisierte Computerprogramme befinden (vgl. Hackober 2017). Das „Bot" steht in diesem Zusammenhang für Robot und beschreibt den Softwareroboter, der hinter den Agenturen steckt (vgl. Gründerszene Lexikon O.J.). Dieser sorgt für rund 100 Euro im Monat dafür, dass die Followerzahl durch leere Accounts oder Spam-Accounts steigt. Eine günstigere Variante, um Follower zu generieren sind Follower- und Like-Apps. (vgl. Hackober 2017). Alle dort angemeldeten User folgen sich bspw. auf Instagram massenweise gegenseitig, ohne überhaupt den Account des anderen zu kennen oder sich mit ihm auseinander gesetzt zu haben. Zudem kann man auch hier ganz einfach Follower kaufen (vgl. Kobilke 2014: S. 180).

Momentan liegt die Quantität der Follower noch über der Qualität. Aber auch hier gibt es in letzter Zeit ein leichtes Umdenken. Immer mehr Modeunternehmen suchen die Kooperation mit sogenannten Nischen-Influencern. Diese zielen meist nicht darauf ab extrem viele Follower zu haben, sondern sprechen eine bestimme Zielgruppe an. Die Anzahl der Follower beschränkt sich dann meist auf ein paar Hunderttausende Follower und nicht, wie bei den momentan noch meistgefragten Modebloggern, auf Millionen von Followern (vgl. Eschborn 2017).

4 Theoretisches Zwischenfazit

Zusammenfassend kann gesagt werden, dass Modeblogger immer mehr an Bedeutung gewinnen und sie auch von den Unternehmen zunehmend besser angenommen werden. Für Unternehmen heißt es rückführend, dass ein besonderer Blick auf die Kommunikationspolitik im Marketingmix geworfen werden sollte. In diese reiht sich das Social-Media-Marketing ein. Unternehmen kommen nicht mehr drum herum, sich mit den Themen rund um das Social-Media-Marketing zu beschäftigen. Nur so können sie in Echtzeit auf aktuelle Themen reagieren und sich mit ihren Konsumenten austauschen. Eine gewisse Schnelligkeit und Agilität ist hier eine klare Voraussetzung. Doch gerade durch die Schnelligkeit, in der oft gehandelt werden muss, können rechtliche Aspekte in den Hintergrund geraten, was für Unternehmen und auch für die Blogger selbst ein großes Risiko darstellt. Wenn es einmal online ist, ist es schwierig die Angaben wieder zurück zu nehmen. Denn die Online-Community wächst täglich. Heute im Jahr 2018 sind mehr als 4 Mrd. Menschen online, wovon allein 3 Mrd. Menschen auch soziale Medien nutzen.

Die Many-to-many-Kommunikation durch das Social Web gibt jedem Nutzer die Möglichkeit sich mit einzubringen und seine Meinung los zu werden. Die Unternehmen müssen dies nutzen und dort präsent sein, wo sich ihre Konsumenten online aufhalten. Dabei müssen sie ihre Produkte und Informationen in Form von Geschichten zu Content verwandeln. Nur dieser findet bei dem Großteil der Nutzer Gehör, was vor allem die Blogger für sich nutzen.

Gerade in der Modebranche hat sich der Blogger schon als einer der wichtigsten Marketingkanäle integriert. Die Modeblogger werden hier anhand ihrer Reichweite bzw. der Anzahl ihrer Follower bewertet. Die Kooperationen zwischen Unternehmen und Modebloggern finden in der Regel auf dem Blog oder auf einer sozialen Plattform, wie bspw. Instagram statt. Instagram hat sich hierbei als eine sehr starke Plattform in der Modebranche etabliert. Damit sich die Kooperationen für die Blogger lohnen ist es sehr wichtig, dass die Follower, die Blogger als vertrauens- und glaubwürdig empfinden. Nur wenn die potentiellen Kunden den Empfehlungen der Blogger vertrauen, werden sie zu wirklichen Kunden des Unternehmens. Dieses Vertrauen schaffen die Blogger unter anderem durch die richtige Kennzeichnung von werblichen Posts. Die Ehrlichkeit und Authentizität der Blogger wird bei den Followern groß geschrieben.

Das Vertrauen und die Glaubwürdigkeit beruhen meist auf bereits gemachten Erfahrungen mit den Bloggern. Wenn allerdings auffällt, dass die Blogger unehrlich sind und sich bspw. Follower kaufen, kann das Image eines Bloggers schnell darunter leiden. Dies spiegelt sich auch in den Zahlen einer WDR-Umfrage wieder. Nur 5% der Befragten stufen die sozialen Medien als glaubwürdig ein.

In Form dieser Arbeit soll nun untersucht werden, wie glaubwürdig die Modeblogger aus Sicht der Follower sind. Um dies herauszufinden, wird auf einige Schwerpunkte näher eingegangen, die im theoretischen Teil herausgearbeitet wurden. Dazu wäre zunächst einmal wichtig die soziale Plattform herauszustellen, auf der sich die Follower am meisten bewegen, um ihre Modeblogger zu verfolgen. Diese ist sozusagen der Nährboden auf der sich die Beziehung zwischen Blogger und Follower entwickelt und dementsprechend auch das Vertrauen. Im weiteren wird dann untersucht, welche Follower auf welche Kriterien achten, um Modeblogger für glaubwürdig zu erachten. Dazu werden zum einen demografische Merkmale der Follower, aber auch die Auswahl und Wichtigkeit der verschiedenen Kriterien betrachtet. Im letzten Schritt geht es gewissermaßen um das Maß der Glaubwürdigkeit. Hier wird untersucht, ob die Follower den Modebloggern soweit vertrauen, dass sie ihren Empfehlungen (bspw. bezogen auf Produkte) nachgehen.

5 Konzeption und Methode

Nachdem ein umfassender Einblick in die Theorie gegeben wurde, beschäftigt sich die Arbeit im folgenden Teil mit der Untersuchung der Forschungsfrage. Um dem Leser ein besseres Verständnis zu geben, warum die folgende Art der Untersuchung gewählt wurde, wird in diesem Kapitel die Konzeption und Methode der Untersuchung beschrieben. Hierzu wird zunächst näher auf die Fragestellung und die gebildeten Hypothesen eingegangen. Im zweiten Schritt werden dann das methodische Vorgehen und die Analyse genauer beschrieben.

5.1 Hypothesenbildung

Um auf die Fragestellung, wie glaubwürdig die Modeblogger aus Sicht der Follower sind, näher einzugehen, wird das Thema in verschiedene Aspekte unterteilt. Diese Aspekte wurden aus dem theoretischen Teil heraus gearbeitet und zu vier Hypothesen formuliert. Anhand einer Befragung sollen diese untersucht und später bewertet werden.

Wie im vorherigen Kapitel bereits erwähnt, ist es wichtig im Zusammenhang von Vertrauen und Glaubwürdigkeit in den sozialen Medien, die Plattform herauszuarbeiten, die für die Modeblogger am wichtigsten geworden ist. Bereits während der Recherche stach eine soziale Plattform hier besonders hervor, weswegen diese im theoretischen Teil näher beschrieben wurde und Teil der ersten Hypothese ist. Instagram ist eine kostenlose Foto- und Video-Sharing-App und kann 800 Mio. Nutzer im Monat verzeichnen. Sie gilt als die soziale Plattform mit der höchster Wahrscheinlichkeit eines Beziehungsaufbaus zwischen Unternehmen und Konsumenten bzw. zwischen Bloggern und Followern. Rund 60% der User nutzen die App täglich, was Instagram, nach Facebook, zur zweithäufigsten genutzten Social Media Plattform macht. Auch die Plattform an sich kann heute als eine Art moderner Blog angesehen werden, weil sie grundsätzlich die gleichen Ziele verfolgt. In den USA wird das Netzwerk schon von ca. 96% der Modemarken als Werbeplattform genutzt und weltweit gilt es als die wichtigste Austauschmöglichkeit für Mode und Trends. Immer mehr Modeblogger gehen Kooperationen mit großen Unternehmen ein und veröffentlichen diese auf Instagram. Die Werbung wird von den Nutzern auf Instagram oft nicht als diese wahrgenommen, weil sie gerade hier gezielter nach Informationen über Produkte suchen.

Daraus lässt sich folgende Hypothese ableiten:

1.) Instagram ist die meist genutzte soziale Plattform der Follower/ Konsumenten, um ihre Modeblogger zu verfolgen.

Anfang des Jahres 2018 wurde bekannt, dass es weltweit bereits mehr als 4 Mrd. Nutzer des Internets gibt. Hiervon nutzen allein 3 Mrd. Menschen weltweit auch die sozialen Medien. 43% der Deutschen haben sich sogar mit einem Profil über diese angemeldet. In der EU hängt die Nutzung von sozialen Medien, laut einer Studie aus dem Jahr 2014, vom Bildungsstand dieser ab. Rund 57% der Personen mit einem höheren Bildungsabschluss nutzen die sozialen Medien. Wohingegen es bei den Personen mit niedrigerem Bildungsstand nur 34% sind. Hieraus kann man schließen, dass sich mehr Personen, mit höherem Bildungsabschluss für die sozialen Medien interessieren und sich dementsprechend besser auskennen.

Daraus lässt sich folgende Hypothese ableiten:

2.) Follower/ Konsumenten mit einem höheren Bildungsabschluss haben mehr Bewusstsein dafür ob ein Post gesponsert wurde oder nicht.

Die sozialen Medien fordern von den Unternehmen, aber auch den Bloggern eine gewisse Schnelligkeit. Die schnellen Reaktionen haben sowohl Vor- als auch Nachteile für die beiden Parteien. Eine schnelle Rückmeldung zu einem Thema kann oft positiv für ein Unternehmen bzw. einen Blogger sein, wenn dieses richtig für sich genutzt wird. Hierbei ist es oft schwierig die rechtlichen Bestimmungen zu berücksichtigen, weil meist in kürzester Zeit gehandelt werden muss. Gerade im Bezug auf Schleichwerbung, die durch das Gesetz gegen unlauteren Wettbewerb (kurz: UWG) geregelt ist, gibt es oft Schwierigkeiten. So kann es dazu führen, dass auch in der Eile der Blogger, auf virale Themen zu reagieren, werbliche Beiträge in den sozialen Medien nicht korrekt als diese gekennzeichnet werden. Die Glaubwürdigkeit der Blogger zeichnet sich bei den Follower aber durch Ehrlichkeit und Authentizität aus, was in diesem Fall eine ehrliche und korrekte Kennzeichnung der gesponserten Posts meint.

Daraus lässt sich folgende Hypothese ableiten:

3.) Die richtige Kennzeichnung von gesponserten Posts ist den Followern/ Konsumenten wichtig, um die Modeblogger als glaubwürdig anzusehen.

Für die Blogger gibt es verschiedene Wege Einnahmen zu erzielen. Nicht selten kommt es vor, dass Modeblogger Geld damit verdienen, dass sie Produkte bewerben bzw. empfehlen. Bei den Followern zählt oft die Erfahrung, die sie mit den

Modebloggern bereits gemacht haben. Erst durch Erfahrungen aus der Vergangenheit nehmen die Follower die Blogger als glaubwürdig wahr und vertrauen ihnen. Sie können sich erst dann vorstellen, dem was die Blogger sagen, auch Glauben zu schenken. Sobald ein gewisses Vertrauen vorhanden ist, gehen die Follower ggf. auch mal Empfehlungen von bspw. Produkten nach und kaufen diese. Nur dadurch können die Blogger letztendlich erfolgreich sein. Somit sollte das Entgegenbringen von Authentizität und Ehrlichkeit, gegenüber den Follower, bei den Bloggern sehr ernst genommen werden. Ist das Vertrauen der Follower einmal missbraucht worden, ist es schwer dieses wieder zu erlangen.

Daraus lässt sich folgende Hypothese ableiten:

4.) Die meisten Follower/ Konsumenten entscheiden sich aufgrund von Empfehlungen ihrer Modeblogger zum Kauf von Produkten bzw. Dienstleistungen.

5.2 Methodisches Vorgehen

Das methodische Vorgehen wird im folgenden nochmal unterteilt in das Forschungsdesign, die Stichprobe und den Untersuchungszeitraum, sowie den durchgeführte Pretest.

5.2.1 Forschungsdesign

Für das Forschungsdesign wird die quantitative Forschung gewählt. Diese hat zum Ziel mit einer möglichst großen Stichprobe die Breite an Aussagen herauszufinden. Voraussetzung für die quantitative Forschung ist, dass man weiß was herausgefunden werden soll. Durch die Untersuchung soll hier bspw. eine Häufigkeitsverteilung oder eine Vergleichbarkeit entstehen. Die Wahl der Menschen, die an der Untersuchung teilnehmen ist weitestgehend unwichtig, solang diese die Grundgesamtheit abdecken, d.h. dass über diese Menschen später eine Aussage getroffen werden kann (vgl. Brosius, Haas und Koschel 2016: S. 4 f.). Auch in dieser Untersuchung geht es darum, eine Häufigkeitsverteilung und Vergleichbarkeit der Daten zu erhalten, um herauszufinden, ob die einzelnen Variablen der Hypothesen bei der Mehrheit der Personen Auswirkungen aufeinander haben.

Die Untersuchung findet in Form einer Online-Befragung für Einzelpersonen statt. Hier übernimmt ein informationstechnisches System die Aufgaben des Interviewers (vgl. Bruhn 2016: S. 100). Die Umfrage kann bequem von den Teilnehmern überall ausgefüllt werden und wird für die Auswertung direkt digital gespeichert.

Weitere Vorteile sind die geringen Kosten und die Zeitersparnis, weil man die Befragung nicht selber durchführen muss. Zudem findet die Online-Befragung vollkommen anonym statt. Ein Nachteil ist, dass es durch das Internet schwer zu kontrollieren ist, wer an der Umfrage tatsächlich teilnimmt. So kann es bspw. sein, dass Personen an der Befragung teilnehmen, die weniger interessant für die Untersuchung sind (vgl. Brosius et al. 2016: S. 67 f.). Mit einer Einführungsseite auf der genau beschrieben war, dass ein Interesse an Modebloggern Voraussetzung ist, um die Befragung qualifiziert auszufüllen, wurde diesem entgegengewirkt. Zudem wurde diese Voraussetzung zusätzlich bei der Veröffentlichung des Umfrage-Links angegeben.

Seite 1

Liebe Teilnehmer und Teilnehmerinnen,

im Rahmen meiner Bachelorarbeit an der Fachhochschule des Mittelstandes in Bielefeld führe ich eine Umfrage über die Glaubwürdigkeit von Modebloggern durch.

In der Studie geht es um die Einschätzung von Modebloggern in den sozialen Medien, weswegen es sehr wichtig ist, dass du bereits Modebloggern gefolgt bist oder aktuell welchen folgst. Unter Modeblogs werden in der folgenden Befragung alle sozialen Plattformen gesehen in der Blogger etwas veröffentlichen wie bspw. Instagram.

Die Studie wird ca. 5 Minuten deiner Zeit in Anspruch nehmen. Die gesamte Umfrage wird zudem anonym stattfinden und dementsprechend später auch anonym dargestellt.

Bei Fragen und Anmerkungen kannst du dich gerne jederzeit an mich wenden (constanzevt@web.de).

Vielen Dank für deine Unterstützung und liebe Grüße,
Constanze

Abbildung 2: Einführungsseite des Online-Fragebogens
(Quelle: Eigene Darstellung)

Die Einführungsseite wurde außerdem dazu genutzt dem Befragten einen kurzen Einblick zu geben, um welches Thema es sich handelt und wie viel Zeit die Befragung in Anspruch nehmen wird. Dies soll dazu führen, dass der Befragte gleich weiß worauf er sich einlässt und die Befragung schließlich auch bis zum Ende durchführt. Hier wurde zudem vermerkt, dass die Befragung komplett anonym stattfindet und auch anonym ausgewertet wird.

Für den Fragebogen an sich wurde die Online-Plattform umfrageonline.com ausgewählt. Diese ist kostenlos für Studenten und bietet sämtliche Tools, um die Antwortmöglichkeiten klar und eindeutig zu gestalten. Zudem bietet die Website jedem die Möglichkeit die Antworten in Häufigkeitsverteilung zu betrachten und daraus Grafiken zu erstellen. Diese Anwendung ist jederzeit, sowohl vom PC als auch vom Smartphone möglich.

Die Datenerhebung findet einmalig und fast komplett standardisiert statt. Bei der standardisierten Methode sind die Antwortmöglichkeiten und die Reihenfolgen der Fragen vom Interviewer festgelegt. Alle einzelnen Befragungen laufen komplett identisch ab. Diese Art der Befragung wird genutzt für große Stichproben, damit die Ergebnisse hinterher möglichst repräsentativ sind (vgl. Brosius et al. 2016: S. 104 f.). In der Befragung befinden sich insgesamt drei offene Fragen, bei denen die Antwortmöglichkeiten nicht vorgegeben sind. Bei zwei davon soll eine Stundenanzahl der Nutzung angegeben werden, was sich später ebenfalls sehr gut vergleichen lässt. Die letzte Frage ist ebenfalls offen gestellt und soll dem Befragten die Möglichkeit geben, offene Punkte anzusprechen und andere Perspektiven für die spätere Auswertung zu geben.

Der Fragebogen beginnt mit einer Art Filterfrage, die nochmal nach dem Grad des Interesses an Modebloggern fragt. Dies kann für die spätere Auswertung eine Art Filter dafür sein, wie wichtig der Befragte für die Ergebnisse ist (vgl. Dempster/Hanna 2017: S. 103). Die Antwortmöglichkeiten werden in Form einer Likert-Skala angegeben. Die Antwortvorgaben gleichen hierbei einer Abstufung die bspw. von „sehr wichtig" bis „sehr unwichtig" geht (vgl. Brosius at al. 2016: S. 49). Fast alle Fragen haben hierbei eine Skala mit 6 Antwortkategorien. Diese gerade Anzahl wurde gewählt, um keinen Mittelwert als Antwortmöglichkeit zu geben. Oft weichen Befragte nämlich auf diesen aus, wenn sie sich mit der Antwort nicht sicher sind oder demotiviert sind die Befragung richtig auszufüllen (vgl. Baur/Blasius 2014: S. 670).

5.2.2 Stichprobe & Untersuchungszeitraum

Die Stichprobe beschreibt den Teil aller Befragten, der interessant ist und ausgewählt wurde für die spätere Auswertung der Ergebnisse (vgl. Dempster/Hanna 2017: S. 73 f.). Ziel dieser Befragung war es ca. 100 Personen zwischen 20 und 39 Jahren zu untersuchen, die sich für Modeblogs interessieren bzw. diese verfolgen. Diese Alterspanne geht aus einer Umfrage von Statista aus dem Jahr 2017 hervor. Diese zeigt, dass gerade die Altersgruppen von 20-29 Jahren und von 30-39 Jahren die Blogger in Deutschland verfolgen (vgl. Statista 2017). Das Alter, sowie weitere demografische Merkmale werden zum Schluss der Umfrage abgefragt. Diese werden bewusst ans Ende der Befragung gesetzt, damit der Befragte denkt er habe den Verfasser des Fragebogens schon etwas besser kennen gelernt. Fragen dieser Art wirken für Teilnehmer oft zu privat, wenn sie gleich am Anfang eines Fragebogens stehen. Die Fragen sind zudem simpel und sollen dem Befragten das Gefühl geben, dass die Befragung fast vorbei ist. Dies soll dazu motivieren Befragung auch wirklich bis zum Ende auszufüllen (vgl. Dempster/Hanna 2017: S. 102).

Das Interesse für Modeblogs soll direkt am Anfang herausgefunden werden. Zum einen wird gefragt, wie die Befragten ihr Interesse an Modebloggern einschätzen. Zum anderen kann das Maß des Interesses auch an der Anzahl der Stunden, die sie damit verbringen den Bloggern zu folgen, eingestuft werden. Diese werden direkt in der dritten Frage ermittelt. Für die Auswertung der Befragung wurden diese Angaben sofort herausgefiltert, um das bestmögliche Ergebnis zu erzielen. Hierzu wurden alle Personen, die sich nicht für Modeblogs interessieren bzw. nicht in der Altersspanne von 20-39 Jahren sind, heraus gelöscht. Zudem wurden auch alle Fragebögen, die nicht bis zu Ende beantwortet wurden heraus gelöscht. Insgesamt haben 129 Personen an der Befragung teilgenommen und die Filterung ergab eine Anzahl von 103 auswertbaren Fragebögen.

Dabei bestand die Grundgesamtheit, im Rahmen dieser Untersuchung aus dem Bekannten- und Freundeskreis der Verfasserin. Der Link der Online-Befragung wurde über Facebook, Instagram, das Portal der FHM Bielefeld, die Modeschule in Münster und über alle Bekannten und Freunde, die wissentlich Modebloggern folgen, gestreut. Für die Befragung waren insgesamt 21 Tage veranschlagt. Vor allem in den ersten 2 Wochen nach der Veröffentlichung war der Rücklauf sehr groß. Da das Ziel bei ca. 100 auswertbaren Fragebögen lag, wurde die Befragung nach den veranschlagten 21 Tagen mit insgesamt 115 komplett ausgefüllten Fragebögen beendet.

5.3 Pretest

Ein Pretest dient dazu die Validität und die Reliabilität eines Fragebogens zu testen (vgl. Möhring/Schlütz 2013: S. 185). Die Validität beschreibt das Maß, in der die Ergebnisse bzw. Auswertungen einer Studie richtig und vertrauenswürdig sind. Nur wenn dies gegeben ist, kann die Forschungsfrage entsprechend beantwortet werden. Die Reliabilität beschreibt das Maß der Gleichheit bei einer Wiederholung der Studie. Die Ergebnisse müssen zuverlässig und nachvollziehbar sein. Sollte man eine Studie also wiederholt durchführen, sollte ein ähnliches oder sogar das gleiche Ergebnis wieder raus kommen. Sobald das Forschungsverfahren nicht valide und reliabel ist, kann es sein, dass die späteren Ergebnisse falsch sind (vgl. Dempster/Hanna 2017: S. 33-37). Zudem sollte in dem Pretest getestet werden ob die Fragen und Antworten des Fragebogens verständlich sind und der Befragte mit allen Begrifflichkeiten sofort etwas anfragen kann. Zudem sollte auch der Zeitaufwand des Fragebogens getestet werden. Der Verfasser sollte das Ausfüllen des Fragebogens begleiten, indem er auf Reaktionen und Fragen eingeht. Je nachdem, ob die Pretest-Teilnehmer nachfragen, zögern oder evtl. sogar verärgert oder verunsichert sind, sollte der Fragebogen überarbeitet werden (vgl. Möhring/Schlütz 2013: S. 186 f.)

Für den Pretest dieser Studie wurden drei Bekannte der Verfasserin gewählt, die wissentlich an Modebloggern interessiert sind. Für diesen wurde die thinking-aloud-Methode gewählt. Diese soll Einblicke in die Gedanken und Gefühle des Pretest-Teilnehmers geben, während er den Fragebogen ausfüllt (vgl. Mey/Mruck 2010: S. 476). Der Pretest wurde ca. 3 Tage vor der Veröffentlichung der Studie durchgeführt. Zwei Teilnehmer haben hierbei knapp 5 Minuten und die dritte etwas mehr als 5 Minuten gebraucht. Auf dieser Grundlage wurde die Befragung mit 5 Minuten Zeitaufwand angegeben. Grundsätzlich haben alle drei Teilnehmer alle Fragen und Begriffe sofort verstanden und wusste was in der Frage von ihnen verlangt wird. Nur bei der dritten Frage mussten zwei der drei Teilnehmer etwas länger überlegen. Hier ging es um das Schätzen der Stundenanzahl, die man wöchentlich für das Verfolgen von Bloggern aufwendet. An der Fragestellung, sowie auch an der Antwortmöglichkeit, wurde jedoch nach dem Pretest nichts mehr geändert, da die Befragten die Fragestellung inkl. Antwort durchaus verstanden hatten. Ihnen fiel es nur schwer die Stundenanzahl an sich zu schätzen. Bis auf einen Rechtschreibfehler bei Frage 7, wurden keine weiteren Änderungen an dem Fragebogen mehr vorgenommen.

6 Ergebnisse

Nachdem alle Vorbereitungen für die Befragung getroffen wurden, ging es in die Phase der Datenerhebung. Im folgenden Kapitel werden alle Ergebnisse der Umfrage ausgewertet, analysiert und interpretiert. Dazu wird zunächst nochmal, im Hinblick auf die Hypothesen, genau auf die Fragen und Antwortmöglichkeiten des Fragebogens eingegangen. Im weiteren Schritt werden die Antworten aller Befragten ausgewertet und analysiert, um herauszufinden, ob die Hypothesen bestätigt oder widerlegt werden. Im letzten Schritt wird dann auf die Beantwortung der Forschungsfrage dieser Arbeit eingegangen.

6.1 Untersuchung und Analyse der Hypothesen

Um die verschiedenen Hypothesen zu prüfen, wurden die einzelnen Variablen dieser in die Fragen des Fragebogens integriert. Diese Variablen lassen sich in abhängige und unabhängige Variablen unterteilen. Die abhängige Variable ist das Merkmal in der Hypothese von dem man ausgeht, dass es sich verändert, wenn man die unabhängige Variable beeinflusst. Die unabhängige Variable wird beeinflusst und hat somit eine Auswirkung auf die abhängige Variable (vgl. Dempster/Hanna 2017: S. 107 f.).

Die erste zu prüfende Hypothese besteht aus den zwei Variablen Instagram (als meist genutzte soziale Plattform) und dem Verfolgen von Modebloggern. Es wird davon ausgegangen, dass man Instagram am häufigsten benutzt um Modebloggern zu folgen. Würde es um Blogger mit einem anderen Schwerpunkt, wie bspw. Kochen gehen, wäre die meist genutzte Plattform evtl. nicht mehr Instagram, sondern eine andere soziale Plattform. Somit handelt es sich bei Instagram als meist genutzte soziale Plattform um die abhängige Variable, die sich verändern würde. Das Verfolgen von Modebloggern beschreibt die unabhängige Variable, die man beeinflussen würde und die sich somit auf die abhängige Variable auswirken würde. Die wichtigste Frage, um diese Hypothese zu prüfen, ist die Frage 4. In dieser wird der Teilnehmer gefragt, welche soziale Plattform er am häufigsten benutzt um seine Modeblogger zu verfolgen. Als Antwortmöglichkeiten wurden die Plattformen Instagram, Facebook, Twitter, Pinterest und die Blogs, die von den Bloggern selbst betrieben werden, aufgelistet. Im Social Web gelten diese u.a. als die Wichtigsten für die heutige Gesellschaft (vgl. Weiß 2017). Diese sollten von den Befragten je nachdem, welche Plattform sie am häufigsten und welche am wenigsten nutzen eingeordnet werden. Hierbei stand „1" für die meist genutzte und „6" für die am wenigsten genutzte soziale Plattform. Über 80% der Befragten gaben an, dass sie Instagram am häufigsten nutzen um ihren Modebloggern zu folgen. Bei der Plattform Facebook gaben ca. 6% an, dass diese ihre meistgenutzte Plattform ist. Bei allen anderen Plattformen waren es jeweils nur ca. 5% der Befragten, die diese als meist genutzte Plattform angaben. Auch mit der am wenigsten genutzten sozialen Plattform war sich die Mehrheit der Befragten einig. Rund 67% gaben an, dass sie Twitter am wenigsten nutzen würden um ihre Modeblogger zu verfolgen. Nur knapp 4% der Befragten gaben Instagram als soziale Plattform, mit der geringsten Nutzung an.

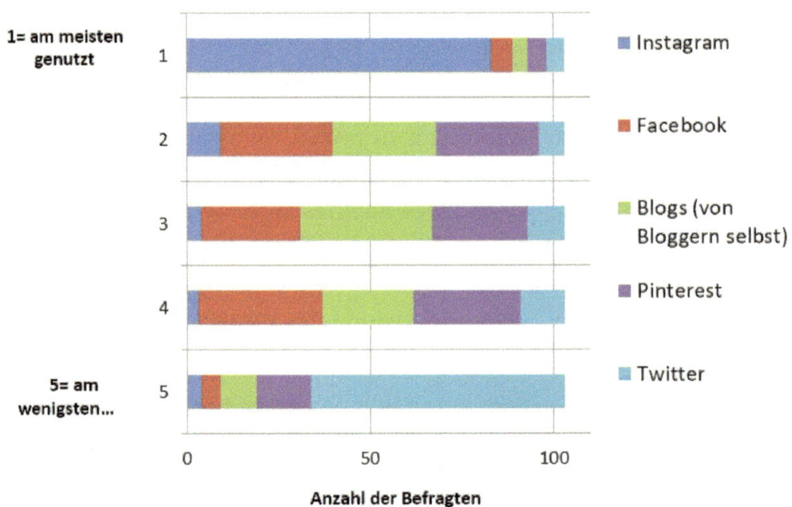

Abbildung 3: Einordnung der meistgenutzten sozialen Plattformen zum Verfolgen von Modebloggern
(Quelle: Eigene Darstellung)

Somit lässt sich sagen, dass Instagram, mit einer klaren Mehrheit von über 80%, die am meisten genutzte soziale Plattform ist mit der die Follower/Konsumenten ihre Modeblogger verfolgen. Instagram ist die soziale Plattform in der Modeblogger und Follower ihre Beziehung zueinander erst aufbauen und auf der später Vertrauen und Glaubwürdigkeit eine sehr große Rolle spielt. Die aufgestellte Hypothese kann also eindeutig verifiziert werden. Um dies zu unterstreichen können zudem die Stundenanzahlen, der allgemeinen Nutzung von sozialen Medien mit den Stundenanzahlen, die nur für Instagram genutzt werden, verglichen werden. Hierfür wurden die Befragten zum einen zu ihrer gesamten wöchentlichen Stundenanzahl auf sozialen Plattformen und zum anderen zu ihrer wöchentlichen Stundenanzahl, nur auf der von ihnen gewählten meist genutzten Plattform befragt. Alle Befragten die Instagram als wichtigste bzw. meist genutzte soziale Plattform angegeben haben, verbringen durchschnittlich 4,8 Stunden auf dieser. In den gesamten sozialen Medien verbringen sie durchschnittlich 6,4 Stunden ihrer Zeit. Das zeigt, dass Instagram nicht nur die meist genutzte Plattform ist, sondern die Befragten durchschnittlich auch 75% ihrer Stunden, die sie insgesamt in den sozialen Medien verbringen, auf Instagram unterwegs sind, um Modeblogger zu verfolgen.

Die zweite Hypothese sagt aus, dass Follower/Konsumenten mit einem höheren Bildungsabschluss mehr Bewusstsein dafür haben, ob ein Post gesponsert wurde oder nicht. Dies würde heißen, dass Follower mit einem höheren Bildungsabschluss generell ein größeres Verständnis für Social Media Plattformen haben und somit auch leichter die Hintergründe verstehen können. Die Hypothese besteht aus der abhängigen Variable des Bewusstseins für gesponserte Beiträge und der unabhängigen Variable des Bildungsgrades. Somit würde der aktuelle Stand der Bildung das Bewusstsein für gesponserte Posts beeinflussen. Der höchste Bildungsabschluss, sowie die aktuelle Tätigkeit werden zum Ende des Fragebogens bei den Teilnehmern erfragt und zählen genau wie das Alter oder das Geschlecht zu den demografischen Merkmalen. Laut des statistischen Bundesamtes (O.J.) werden Personen mit einem Haupt- oder Realschulabschluss und Personen ohne Bildungsabschluss in die Kategorie des niedrigen Bildungsstands eingestuft. Personen mit berufsqualifizierenden Abschlüssen oder der Fachhochschulreife werden in die Kategorie des mittleren Bildungsstands eingeordnet. Zu der Kategorie des hohen Bildungsstandes zählen alle Personen, die einen akademischen Abschluss oder eine Meister-/Techniker- oder einen Fachschulabschluss vorweisen können. Laut dieser Einstufung haben 45 Personen mit hohem Bildungsabschluss, 56 Personen mit mittlerem Bildungsabschluss und 2 Personen mit niedrigem Bildungsabschluss an der Befragung teilgenommen. In folgender Grafik sind die einzelnen Abschlüsse der Befragten noch einmal aufgeführt. Die Antworten „Andere" konnten durch die individuelle Eingabe des jeweiligen Abschlusses, in ein offenes Feld, den Personen mit mittlerem Bildungsabschluss zugeteilt werden.

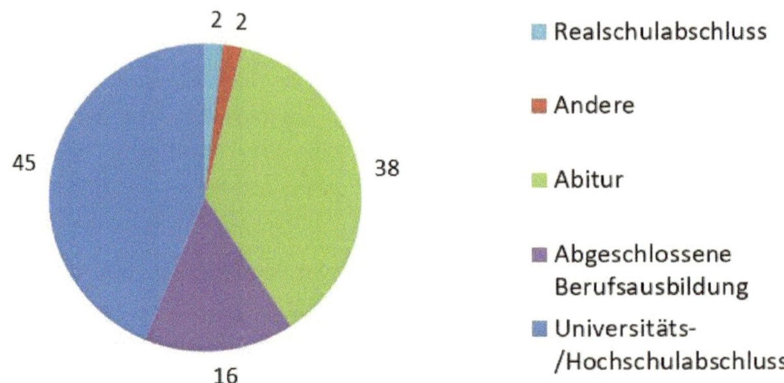

Abbildung 4: Höchster Bildungsabschluss der befragten Follower
(Quelle: Eigene Darstellung)

Von den 56 Personen mit einem mittleren Bildungsabschluss studieren 33 Personen und streben somit einen hohen Bildungsabschluss an. Das Bewusstsein für gesponserte Posts soll zum einen durch die Frage herausgefunden werden, in der die Befragten einstufen müssen inwieweit sie die gesponserten Posts von den nicht gesponserten Posts unterscheiden können. Die Antwortmöglichkeiten reichen von „Ja, auf jeden Fall"(=1) bis „Nein, eher nicht"(=6). Hierbei geht es nur um die Einschätzung der Befragten selbst. Ob es sich bei den Beiträgen wirklich um werbliche Posts gehandelt hat, ist sehr schwer herauszufinden. Personen mit den Antworten 1 und 2 gelten als Personen, die die Posts unterscheiden können. Die Angabe der Antworten 5 und 6 werden als Unverständnis für die Unterscheidung von gesponserten und nicht gesponserten Posts bewertet. Insgesamt 45 Personen der 103 auswertbaren Befragten beantworteten diese Frage mit 1 oder 2. Das heißt dass knapp 44% der Befragten selber angeben, dass sie unterscheiden können, ob ein Post gesponsert ist oder nicht. Von den 45 Personen haben 23 Teilnehmer einen hohen und 22 einen mittleren Bildungsabschluss. Von den Personen mit einem niedrigen Bildungsabschluss hat niemand angegeben, dass er die Posts klar unterscheiden kann. Dieses Ergebnis zeigt dass die Anzahl der Personen, die einschätzen, dass sie werbliche Posts von nicht werblichen Posts unterscheiden können, mit hohem und mittlerem Bildungsabschluss annähernd gleich sind. Das Bewusstsein von gesponserten Posts kann somit bei Personen mit höherem Bildungsabschluss gleich eingestuft werden als das Bewusstsein bei Personen mit mittlerem Bildungsabschluss. Die Hypothese, dass Follower und Konsumenten mit einem höheren Bildungsabschluss ein größeres Bewusstsein für gesponserte bzw. nicht gesponserte Posts haben kann somit falsifiziert werden.

Auch die dritte Hypothese beschäftigt sich mit dem Thema der gesponserten Beiträge. In diesem Fall geht es um die richtige Kennzeichnung dieser und der daraus resultierenden Glaubwürdigkeit. Durch das Untersuchen der Hypothese soll geklärt werden, ob die richtige Kennzeichnung von gesponserten Posts dazu beiträgt, dass die Modeblogger von den Followern als glaubwürdig angesehen werden. Hierbei handelt es sich bei der richtigen Kennzeichnung der Posts um die unabhängige Variable, die die abhängige Variable, die Glaubwürdigkeit der Modeblogger aus Sicht der Follower, beeinflussen soll. Zur Untersuchung dieser Hypothese wurden insgesamt 3 Fragen gestellt. Zunächst einmal wurden die Follower befragt, was ihnen grundsätzlich wichtig ist bei der Benutzung von sozialen Plattformen. Bei dieser Frage ging es erst mal nur darum, was die verschiedenen Plattformen so interessant macht. Über 70% der Befragten finden die Nutzung von Bildern und Videos auf den sozialen Plattformen sehr wichtig, wobei die Nutzung von Texten nur bei 7% der Befragten als sehr wichtig angesehen wird. Auch die Übersichtlichkeit und die leichte Bedienung der sozialen Plattform sind vielen Befragten sehr wichtig. Rund 27% der Befragten geben an, dass ihnen klare Regeln und Richtlinien im Bezug auf Werbung sehr wichtig sind. Nimmt man die Befragten hinzu die dies für „eher wichtig" empfinden sind es rund 51% der Befragten. Somit ist die richtige Kennzeichnung der Werbung, bei der Wahl der sozialen Plattform, zwar nicht das Wichtigste für die Konsumenten, aber man kann sagen, dass mehr als die Hälfte diese Eigenschaft als sehr wichtig bis eher wichtig einstufen.

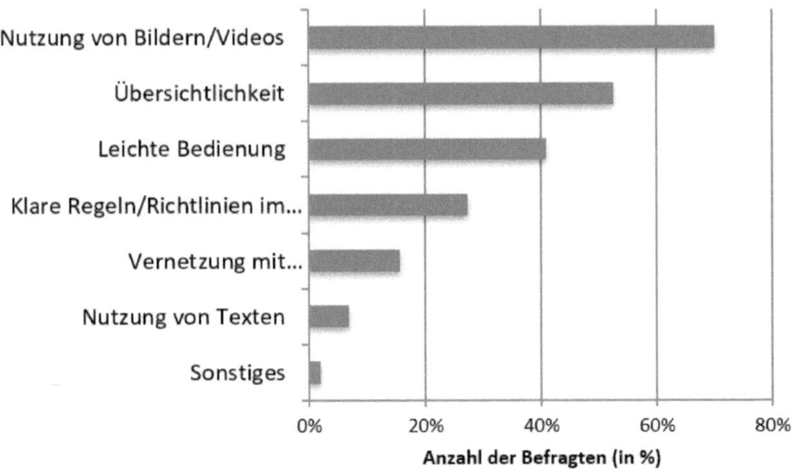

Abbildung 5: Die wichtigsten Kriterien für die Nutzung von sozialen Plattformen (Quelle: Eigene Darstellung)

Die nächste Frage, die gestellt wurde um diese Hypothese zu untersuchen, geht mehr auf die Verbindung zur Glaubwürdigkeit ein. Die Konsumenten wurden hier gefragt, welche Merkmale dazu beitragen, dass ein Modeblogger von ihnen als glaubwürdig angesehen wird. Neben Merkmalen wie der Neutralität, der detaillierten Einblicke, der Einbeziehung der Follower, dem Posten von unbearbeiteten Bildern/ Videos und der Erreichbarkeit, sollten auch die Kennzeichnung von Werbung und das Gleichgewicht von Werbung bzw. eigener Meinung eingestuft werden. 42% der Befragten stimmten voll zu, dass sie Modeblogger glaubwürdig finden, die ein Gleichgewicht zwischen werblichen Beiträgen und Beiträgen die der eigenen Meinung entsprechen, auf ihrem sozialen Profil zeigen. Bezieht man alle Zustimmungen mit ein sind es 93% der Befragten, die zustimmen, dass das Gleichgewicht der Posts für die Glaubwürdigkeit sorgt. Ein ziemlich ähnliches Ergebnis erzielt auch die klare Kennzeichnung von Werbung. So stimmen rund 87% im allgemeinen und 40% voll zu, dass sie Modeblogger als glaubwürdig ansehen, wenn diese die Werbung bzw. gesponserte Posts klar kennzeichnen. Keiner der Befragten stimmt dieser Aussage überhaupt nicht zu. Die restlichen aufgeführten Antwortmöglichkeiten finden eine ähnliche Zustimmung von 13-17%, wobei nur Neutralität noch eine Zustimmung von 26% der Befragten erhält.

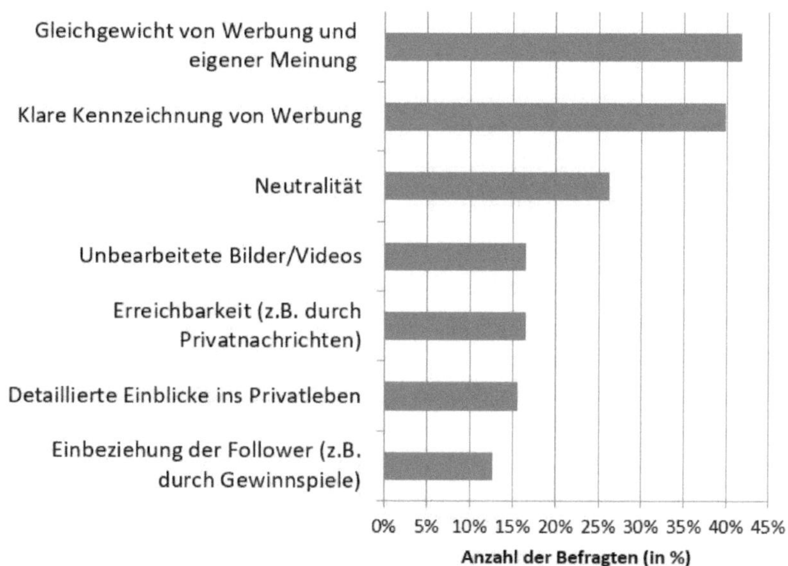

Abbildung 6: Kriterien für glaubwürdige Modeblogger aus Sicht der Follower (Quelle: Eigene Darstellung)

In der letzten thematischen Frage des Fragebogens wurde, wie oben schon erwähnt, eine offene Frage gestellt. Diese Frage wurde so gestellt, dass der Befragte freiwillig antworten konnte. Insgesamt wurde diese von 31 Personen beantwortet. Hierbei konnten die Follower Wünsche im Bezug auf die Glaubwürdigkeit für die Zukunft äußern. Auch hier gaben noch einmal 16% der Teilnehmer an, dass sie sich eine klarere Kennzeichnung von Werbung wünschen. Die Hypothese, dass den Followern eine richtige Kennzeichnung der gesponserten Posts wichtig ist, um die Modeblogger als glaubwürdig anzusehen, kann hiermit klar verifiziert werden.

Da es in dieser Arbeit im allgemeinen um die Glaubwürdigkeit der Modeblogger geht, wird im folgenden auch nochmal auf die anderen Wünsche der Follower aus der letzten Frage eingegangen. Was bei der Auswertung dieser Frage vor allem auffiel, war die gewünschte Ehrlichkeit bzw. das Vermeiden einer Scheinwelt. Die Follower wünschen sich mehr Realität durch z.B. Vor- und Nachteile von Produkten oder durch einen realen Erfahrungsbericht. Auch wünschen sich die Follower mehr Ehrlichkeit im Bezug auf Verträge mit den Unternehmen oder wie viel Geld die einzelnen Blogger verdienen. Ein weiterer Punkt der von den Befragten beschrieben wurde, ist dass Blogger glaubwürdiger wirken, wenn sie über einen längeren Zeitraum das gleiche Produkt bzw. die gleiche Marke bewerben als immer und oft neue Produkte bzw. Marken. Wenn sie bspw. ein Produkt länger empfehle, steigt das Vertrauen, dass die Empfehlung wirklich echt ist und nicht nur von einem Unternehmen bezahlt wurde. Die Follower fordern generell, dass die Blogger nur Unternehmen und Produkte bewerben hinter denen sie auch wirklich stehen. Die Punkte würden laut den befragten Followern für mehr Glaubwürdigkeit bei den Modebloggern sorgen.

Die letzte aufgestellte Hypothese beschäftigt sich mit dem Vertrauen der Follower gegenüber den Modebloggern. Diese soll untersuchen, ob die Follower bzw. Konsumenten den Empfehlungen der Modeblogger nachgehen und bspw. Produkte nachkaufen. Die Empfehlung der Modeblogger ist somit die unabhängige Variable, die den Kauf von Produkten/Dienstleistungen der Follower (abhängige Variable) beeinflusst. Wenn Modeblogger Produkte empfehlen, werden diese auch von den Follower und Konsumenten nachgekauft. Hierzu wurden im Fragebogen 3 Fragen gestellt. Zunächst einmal ist herauszufinden, ob den Followern das Zeigen von Produkten überhaupt wichtig ist. Dazu wurden verschiedene Kriterien aufgezeigt und die Teilnehmer der Befragung sollten einstufen, wie wichtig diese jeweils sind. Für die Untersuchung der Hypothese waren vor allem die Kriterien Produktinformation und Inspiration wichtig, da diese zeigen, dass Produkte wichtig für die Follower sind.

Rund 62% der befragten Teilnehmer empfinden Inspiration durch die Modeblogger als sehr wichtig, womit dies für die meisten Befragten am Wichtigsten ist. Die Produktinformation empfinden 23% als sehr wichtig, wobei es 82% im Allgemeinen wichtig empfinden und 18% als unwichtig. Daraus lässt sich schließen, dass die Mehrheit nach Produktinformationen und Inspiration sucht. Knapp 35% gaben an, dass sie Einblicke in die Modebranche als sehr wichtig empfinden.

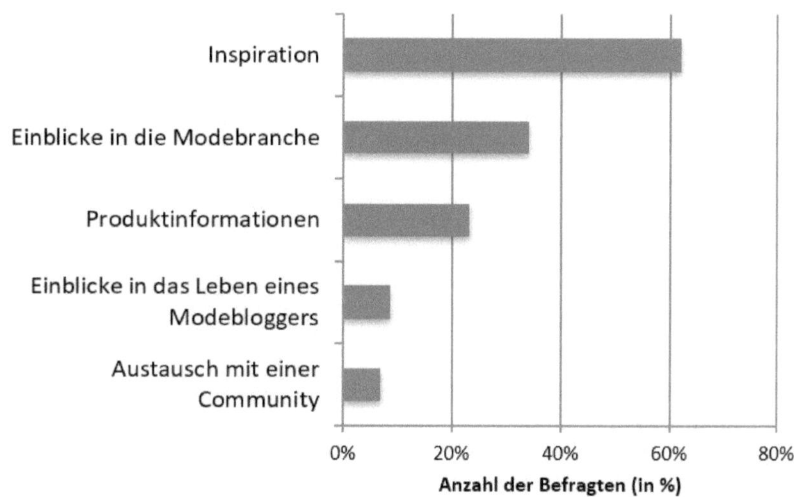

Abbildung 7: Die wichtigsten Gründe für das Lesen eines Modeblogs
(Quelle: Eigene Darstellung)

Im weiteren wurde untersucht, in wie weit die Follower glauben, dass die Modeblogger die Produkte auch selber benutzen. Hierzu sollten die Befragten einstufen für wie wahrscheinlich sie dies halten. Sowohl die Einstufung „sehr wahrscheinlich" als auch die Einstufung „sehr unwahrscheinlich" wurde von den Befragten kaum gewählt. Die Einstufungen hielten sich hierbei mehr im mittleren Bereich auf. Insgesamt stuften es 51% der Befragten als wahrscheinlich und 49% als unwahrscheinlich ein, dass Blogger die Produkte auch selber nutzen. Die Untersuchung dieser Frage konnte also keine genaue Richtung aufzeigen. Um zu sehen, ob es einen Zusammenhang zwischen dem Kaufverhalten und dem Glauben an die Produktempfehlung gibt, wurden die Follower gefragt, wie oft sie empfohlene Produkte schon nachgekauft haben. Grundsätzlich gaben 58% der Befragten an, dass sie schon einmal ein empfohlenes Produkt nachgekauft haben. Jeweils die Hälfte davon gab an, dass sie erst einmal bzw. bereits häufiger ein Produkt bzw. mehrere Produkte nachgekauft haben. Rund 36% der Befragten gaben an, dass sie bereits Produkte nachgekauft haben und es für wahrscheinlich halten, dass die Blogger die Produkte auch selber nutzen. Im Gegensatz dazu gaben 25% an, dass sie noch keine Produkte nachgekauft haben und es für unwahrscheinlich halten, dass Blogger die Produkte selber nutzen. Bei rund 39% gibt es keinen Zusammenhang zwischen dem Kaufverhalten und der Tatsache ob sie es für wahrscheinlich/unwahrscheinlich halten, dass Produkte von den Bloggern genutzt werden.

Da knapp 60% und somit die Mehrheit der Follower den Empfehlungen ihrer Modeblogger nachgehen und Produkte bzw. Dienstleistungen kaufen, lässt sich die Hypothese verifizieren. Zudem kann man diese in Zusammenhang mit der Glaubwürdigkeit bringen. Bei insgesamt 61% der Befragten wirkt sich das Vertrauen in die Modeblogger auf das Kaufverhalten aus. Somit kaufen die Follower die Produkte bzw. kaufen sie nicht, wenn sie es für wahrscheinlich bzw. unwahrscheinlich halten, dass der Modeblogger die Produkte selber nutzt. Die Personen die es für wahrscheinlich halten, dass der Modeblogger die Produkte auch wirklich nutzt, vertrauen ihm bei seiner Aussage. Die Personen die es für unwahrscheinlich halten, dass der Modeblogger die Produkte nutzt, vertrauen seiner Empfehlung nicht.

6.2 Zusammenfassung der Ergebnisse

In Form einer Online Befragung zum Thema „Modeblogger in der Vertrauenskrise" wurden insgesamt 129 Modeblog-interessierte Personen befragt. Da in Form dieser Arbeit herausgearbeitet wurde, dass die Personen im Alter von 20-39 Jahren die Nutzer von Blogs in Deutschland sind, wurden diese heraus gefiltert. Zudem wurden nur die Fragebögen ausgewertet, die auch bis zum Ende ausgefüllt wurden. Somit wurden die Ergebnisse von 103 Modeblog-interessierten Personen im Alter von 20-39 Jahren zusammengetragen und analysiert. Der Untersuchungszeitraum belief sich hierbei auf 21 Tage und dieser startete nach einem Pretest mit 3 Bekannten der Verfasserin.

Aus dem theoretischen Teil dieser Arbeit wurden insgesamt 4 Hypothesen entwickelt, welche mit den Ergebnissen der Umfrage verifiziert bzw. falsifiziert werden konnten. Die Hypothesen bestanden hierbei jeweils aus einer abhängigen Variable und einer unabhängigen Variable, wobei die unabhängige Variable durch Veränderung Auswirkungen auf die abhängige Variable haben kann. Insgesamt drei der Hypothesen konnten durch die Auswertung bestätigt und eine wiederlegt werden. Die erste Hypothese lautete: Instagram ist die meist genutzte soziale Plattform der Follower/ Konsumenten, um ihre Modeblogger zu verfolgen. Durch diese sollte anhand der Häufigkeit der Nutzung herausgefunden werden, welche soziale Plattform für die Follower/ Konsumenten am wichtigsten ist um Modebloggern zu folgen. Mehr als 80% der Befragten gaben Instagram als meist genutzte Plattform an um Modebloggern zu folgen. Alle anderen angegebenen Plattformen wie Facebook, Pinterest, Twitter und die Blogs selbst teilten sich die restlichen 20% relativ gleichmäßig. Umgekehrt gaben 67% der Befragten an, dass Twitter die am wenigsten genutzte Plattform für das Verfolgen von Moderbloggern ist. Somit lässt sich klar sagen, was für die Modewelt die wichtigste bzw. die unwichtigste soziale Plattform ist. Die Hypothese konnte eindeutig verifiziert werden und noch mit einem Vergleich, der genutzten Stunden auf den sozialen Medien bzw. nur auf Instagram, unterstrichen werden. So verbringen durchschnittlich alle Nutzer, die Instagram als meist genutzte Plattform ausgewählt haben 75% ihrer Stunden, die sie gesamt auf den sozialen Medien unterwegs sind, nur auf Instagram. Da Instagram die meist genutzte und somit wichtigste Plattform für die Follower, im Bezug auf Modeblogger ist, spielt gerade hier die Beziehung zwischen Bloggern und Followern die größte Rolle. Hier ist die Nutzerzahl am höchsten und somit das Vertrauen am wichtigsten.

Die zweite Hypothese „Follower/ Konsumenten mit einem höheren Bildungsabschluss haben mehr Bewusstsein dafür ob Posts gesponsert wurden oder nicht" sollte untersuchen ob der Bildungsstand, als demografisches Merkmal, etwas mit dem Verständnis von Social Media zutun hat. Zudem konnte so herausgefunden werden, aus welchen Personen sich die Follower von Modebloggern zusammensetzen bzw. welche Personen die Glaubwürdigkeit von Modebloggern bewerten. Die Einstufung der Bildungsabschlüsse in die drei Kategorien geschah durch die Vorgabe des Statistischen Bundesamtes, welche für viele Studien verwendet wird. Grundsätzlich haben fast nur Personen mit einem hohen bzw. mittleren Bildungsstand an der Befragung teilgenommen. Dies bestätigt zunächst einmal einen Teil der herausgearbeiteten Theorie, dass diese die sozialen Medien mehr nutzen. Die Hypothese lies sich allerdings nicht verifizieren, weil die Anzahl der Personen, die ein Bewusstsein für gesponserte Posts bzw. nicht gesponserte Posts haben, in der mittleren Bildungsschicht fast identisch war, zu der Anzahl der Personen in der hohen Bildungsschicht. Allerdings gab es insgesamt 33 Personen, die durch ein Studium dabei waren einen hohen Bildungsabschluss zu erlangen. Die Hypothese hätte grundsätzlich eher auf die Personen mit niedrigerem Bildungsabschluss ausgerichtet werden können. Auch wenn sich keine Unterschiede bei den Personen mit mittlerem und hohem Bildungsabschluss ergaben, konnte klar der Unterschied zur niedrigen Bildungsschicht herausgezogen werden. Daraus ergibt sich also, dass sowohl Personen mit einem hohen Bildungsabschluss, als auch Personen mit einem mittleren Bildungsabschluss die Glaubwürdigkeit der Modeblogger bewerten, weil genau diese ein Bewusstsein dafür haben, welche Beiträge gesponsert wurden und welche nicht.

Da im Theorieteil die richtige Kennzeichnung von Werbung als wichtiges Kriterium für die Glaubwürdigkeit von Modebloggern herausgearbeitet wurde, wurde zu diesem Thema die dritte Hypothese formuliert: Die richtige Kennzeichnung von gesponserten Posts ist den Followern/ Konsumenten wichtig, um die Modeblogger als glaubwürdig anzusehen. Hierbei sollte herausgefunden werden, ob die Kennzeichnung wirklich eine so wichtige Rolle im Bezug auf die Glaubwürdigkeit einnimmt und welche anderen Kriterien es noch gibt aus Sicht der Follower. Im Allgemeinen sind die Follower beim Nutzen von sozialen Plattformen auf der Suche nach Bildern und Videos (mehr als 70% der Befragten gaben dies als sehr wichtig für eine soziale Plattform an). Nicht das Wichtigste, aber für mehr als ¼ der Befragten sehr wichtig, ist die klare Regelung von Werbung auf den Plattformen. Nimmt man die Personen dazu, denen dies „eher wichtig" ist, sind es mehr als die Hälfte der Befragten. Dies zeigt, dass die richtige Kennzeichnung schon bei der Wahl der Plattform eine Rolle spielt. Daraus lässt sich schließen, dass mehr als die Hälfte der Konsumenten von sozialen Medien erwarten, dass alles wahr und ehrlich ist, was auf den Plattformen passiert. Sie erwarten von den Plattformen, dass es klare Regelungen gibt und sie sich um die Echtheit keine Gedanken mehr machen müssen. Rund 87% der Befragten stimmen zu, dass sie Modeblogger glaubwürdig finden, die diese Regeln auch einhalten und klar kennzeichnen was Werbung ist und was nicht. Auch das Gleichgewicht von Werbung und der eigenen Meinung ist den Konsumenten sehr wichtig. Es sollte eine ausgewogene Anzahl an bezahlten Posts und Posts geben, die der eigenen Meinung der Blogger entsprechen. Insgesamt 93% stimmen zu, dass ihnen dieses Gleichgewicht wichtig ist. Die Hypothese konnte somit eindeutig verifiziert werden und es ist klar, dass die richtige Kennzeichnung einen erheblichen Einfluss auf die Sicht der Follower, im Bezug auf die Glaubwürdigkeit von Modebloggern hat. Die Follower wünschen sich für die Zukunft noch mehr Ehrlichkeit und Klarheit im Bezug auf Werbung. Auch Informationen über Verträge oder Einnahmen aus Kooperationen mit Unternehmen würden bei den Followern für mehr Glaubwürdigkeit sorgen.

Mit der letzten Hypothese „Die meisten Follower/ Konsumenten entscheiden sich aufgrund von Empfehlungen ihrer Modeblogger zum Kauf von Produkten bzw. Dienstleistungen" soll u.a. untersucht werden wie sehr die Follower den Modebloggern vertrauen. Trauen Sie ihren Empfehlungen und kaufen die Produkte nach? Grundsätzlich kann ein Teil aus der Theorie bestätigt werden. Die Personen die den Modebloggern aktiv folgen haben nichts gegen Informationen über Produkte, sie suchen sogar danach. So geben 82% der Befragten an, dass ihnen Informationen über Produkte sehr wichtig sind, wenn sie Modeblogger verfolgen. Rund 62% empfinden auch die Inspiration durch die Modeblogger als sehr wichtig. Dies zeigt, dass die Konsumenten auf den Modeblogs auch auf der Suche nach Produkten sind und grundsätzlich nichts gegen Werbung haben. 51% der Befragten finden es wahrscheinlich und 49% unwahrscheinlich, dass Modeblogger die gezeigten Produkte auch wirklich im privaten Leben und hinter der Kamera nutzen. Allerdings haben 58% bereits Produkte nach Empfehlungen der Modeblogger gekauft. Rund 36% haben bereits mindestens ein Produkt nachgekauft und halten es für wahrscheinlich, dass Modeblogger dieses auch selber nutzen. Daraus lässt sich interpretieren, dass sie den Modebloggern Glaubwürdigkeit schenken und daher ihren Empfehlungen nachgehen. 25% der Befragten glauben nicht daran, dass die Modeblogger die Produkte nutzen und haben auch noch nichts nachgekauft. Daraus lässt sich wiederum interpretieren, dass sie den Modeblogger keinen Glauben schenken und deswegen auch noch nichts nachgekauft haben. Bei rund 39% der Befragten gibt es allerdings keinen Zusammenhang zwischen diesen zwei Punkten. Insgesamt sind fast 60% der Befragten den Empfehlungen nachgegangen, unabhängig davon ob sie es für wahrscheinlich oder unwahrscheinlich halten, dass die Blogger die Produkte hinter der Kamera verwenden. Somit kann die Hypothese zwar bestätigt werden, allerdings kann man sagen, dass diese Käufe nicht unbedingt was mit der Glaubwürdigkeit der Modeblogger zutun haben müssen.

7 Fazit

Nachdem alle Hypothesen untersucht wurden, kann nun auch auf das Thema bzw. auf die Forschungsfrage der Arbeit näher eingegangen werden. Erst einmal wäre es wichtig, zu definieren was einen Modeblogger überhaupt glaubwürdig macht bzw. wie ein glaubwürdiger Modeblogger zu beschreiben wäre.

Wie in der Analyse der Befragung herausgefunden, stimmen 93% der Befragten zu, dass es ein Gleichgewicht zwischen bezahlten Posts und Posts der eigenen Meinung geben muss, um einen Modeblogger als glaubwürdig anzusehen. Zudem stimmten 87% zu, dass auch eine klare Kennzeichnung von Werbung erheblich zu der Glaubwürdigkeit von Modebloggern beiträgt. Um das Bild eines glaubwürdigen Modebloggers abzurunden, wünschen sich die Follower für die Zukunft mehr Ehrlichkeit bzw. Realität im Bezug auf Produktempfehlungen und zudem mehr Transparenz im Bezug auf Einnahmen und Verträge. Ein glaubwürdiger Modeblogger sollte also Werbung klar kennzeichnen, diese in ein Gleichgewicht mit der eigenen Meinung bringen und transparent, realitätsnah und ehrlich sein.

Nachdem der glaubwürdige Blogger entsprechend von den Follower definiert wurde, ist zudem wichtig zu klären, wo dieser genau diese Glaubwürdigkeit ausstrahlen sollte. Rund 80% der Befragten gaben an, dass sie Instagram als soziale Plattform nutzen, um Modebloggern zu folgen. Somit ist klar, dass Instagram, die Plattform ist auf der das Vertrauen, der Follower, in die Modeblogger, die größte Rolle spielt. Hier ist es wichtig, dass die Modeblogger sich an die oben definierten Kriterien halten, um das Vertrauen ihrer Follower aufzubauen. Da ca. jeder zweite bei der Wahl der Plattform schon auf klare Regeln und Richtlinien achtet, kann man davon ausgehen, dass es den Followern grundsätzlich wichtig ist, dass dies durch eine soziale Plattform gegeben ist. Wenn wiederum mehr als ¾ der Befragten Instagram nutzen und davon jeder zweite bei der Wahl der Plattform auf klare Regeln im Bezug auf Werbung geachtet hat, kann man sagen, dass Instagram bereits als eine Plattform wahrgenommen wird, auf der Modeblogger die Möglichkeit haben glaubwürdig zu sein.

Genutzt wird Instagram vor allem von Personen mit hohem und mittlerem Bildungsabschluss, sprich diese machen die Gesamtheit der Follower von Modebloggern auf Instagram aus. Rund 44% dieser können bei ihren Modebloggern, laut eigener Einschätzung erkennen, welche Posts gesponsert sind und welche nicht. Dies bedeutet, dass nicht einmal jeder zweite gesponserte Posts von nicht gesponserten Posts unterscheiden kann. Da eine klare Kennzeichnung und somit eine Unterscheidung dieser, eines der wichtigsten Kriterien für die Glaubwürdigkeit ist, kann grundsätzlich gesagt werden, dass Modeblogger nicht vollkommen glaubwürdig sind.

Das Zeigen von Werbung durch die Modeblogger hat allerdings keinen Einfluss auf die Glaubwürdigkeit. So empfinden 82% der Befragten die Informationen über Produkte und 62% die Inspiration durch das Zeigen von Produkten als wichtig. Daraus lässt sich schließen, dass die Follower von Modebloggern gezielt auf der Suche nach Produkten sind. Dabei ist es nur 36%, sprich ca. jedem dritten Follower wichtig, dass der Modeblogger die Produkte auch selber nutzt bzw. sie ihm und seiner Empfehlung vertrauen können. Insgesamt kaufen aber 60% der Befragten die Produkte, die sie vorher bei einem Modeblogger sehen. Das Vertrauen ist hierbei also nicht das Wichtigste und das Konzept der Modeblogger geht auf.

Zusammenfassend lässt sich also sagen, dass es keine klare Mehrheit der Befragten gibt, die Modeblogger aktuell als glaubwürdig empfinden. Instagram allerdings bietet den Modebloggern die Möglichkeit, als meist genutzte Plattform, eine gewisse Glaubwürdigkeit zu generieren. Der Grundgedanke die Modeblogger als Marketingkanal zu nutzen, kann aber durchaus als erfolgreich angesehen werden, weil die deutliche Mehrheit der Befragten die beworbenen Produkte kauft. Das Vertrauen ist hierbei nicht treibende Kraft für die Kaufentscheidung. Von einer Vertrauenskrise kann hier also nicht gesprochen werden. Das Konzept der Modeblogger hat somit Erfolg, da das Vertrauen keine zentrale Rolle in diesem einnimmt.

8 Limitation und Forschungsausblick

Grundsätzlich ist der Rahmen einer Bachelorarbeit begrenzt. Die Stichprobe erfüllt zwar ein gewisses Maß an Repräsentativität, aber es ist schwer eine allgemeingültige Aussage zu treffen.

Um vorhergehende Forschungsfrage zu beantworten ist die Methode der quantitativen Forschung richtig gewählt. Allerdings wäre es, um eine allgemeingültigere Aussage zu treffen, eine Möglichkeit die Methode der qualitativen und die der quantitativen zu verbinden. Das Ergebnis der quantitativen Forschung könnte eine hohe Repräsentativität durch eine große Stichprobe gewährleisten, die selbstverständlich über den Bekanntenkreis der Verfasserin hinausgehen sollte. Die qualitative Forschung würde einen tieferen Einblick in die Thematik geben und man könnte sich besser mit dieser auseinander setzen.

Besonders interessant wäre hier nochmal genauer auf den Grund für den Kauf von empfohlenen Produkten einzugehen. Man könnte durch die qualitative Forschung in Einzelgesprächen mit Followern genauere Erkenntnisse hierzu herausarbeiten. Auch die Sicht der Modeblogger selbst zum Thema Glaubwürdigkeit wäre sehr interessant. Auch hier könnte man Expertengespräche in Form der qualitativen Forschung nutzen. So könnte man die Möglichkeiten und Grenzen der Modeblogger bestimmen bzw. ob vielleicht sogar Grenzen durch die Unternehmen gesetzt werden im Bezug auf Kennzeichnung oder Veröffentlichungen. Zudem wäre auch interessant, ob die Modeblogger überhaupt ausreichend informiert sind oder wo sie sich ihre Informationen zu den Themen beschaffen.

Aus diesen Forschungsergebnissen könnte anschließend Literatur für die Blogger selbst entwickelt werden, damit diese wissen wobei es bei der Glaubwürdigkeit aus Sicht der Follower ankommt. Dies könnte zur Folge haben, dass der Erfolg von Modebloggern noch mehr steigt und sie zu einem effektiveren Marketinginstrument für Unternehmen werden.

Literaturverzeichnis

Baur, N./Blasius, J. (2014): Handbuch Methoden der empirischen Sozialforschung. 1. Aufl. Wiesbaden: Springer Fachmedien

Bentele, G./Seidenglanz, R. (2015): Vertrauen und Glaubwürdigkeit. Wiesbaden: Springer VS

Brosius, H./Haas, A./Koschel, F. (2016): Methoden der empirischen Kommunikationsforschung. 7. Aufl. Wiesbaden: Springer Fachmedien

Bruhn, M. (2016): Marketing - Grundlagen für Studium und Praxis. 13. Aufl. Wiesbaden: Springer Fachmedien

Dempster, M./Hanna, D. (2017): Forschungsmethoden der Psychologie und Sozialwissenschaften für dummies. 1. Aufl. Weinheim: WILEY-VCH Verlag GmbH & Co. KGaA

Dernbach, B./Meyer, M. (2005): Vertrauen und Glaubwürdigkeit: Interdisziplinäre Perspektiven. 1. Aufl. Wiesbaden: VS Verlag für Sozialwissenschaften/ GWV Fachverlage GmbH

Eberbach, A./Glaser, M./Heigl, R. (2008): Social Web. Konstanz: UVK Verlagsgesellschaft mbH

Faßmann, M./Moss, C. (2016): Instagram als Marketing-Kanal - Die Positionierung ausgewählter Social-Media-Plattformen. Wiesbaden: Springer Fachmedien

Firnkes, M. (2015): Das gekaufte Web – Wie wir online manipuliert werden. Hannover: Heise Median Gmbh & Co. KG

Grabs, A./Bannour, K./Vogl, E. (2014): Follow me! – Erfolgreiches Social Media Marketing mit Facebook, Twitter und Co. 3. Aufl. Bonn: Rheinwerk Verlag GmbH

Heymann-Reder, D. (2011): Social Media Marketing – Erfolgreiche Strategien für Sie du Ihr Unternehmen. München: Addison-Wesley Verlag

Horn, D./Fiene, D. (2008): Mitmachen im Web 2.0 - Das Blogger-Buch. Poing: Franzis Verlag GmbH

Kobilke, K. (2014): Erfolgreich mit Instagram – Mehr Aufmerksamkeit mit Fotos & Videos. 1. Aufl. mitp-Verlags GmbH & Co. KG

Kreutzer, R. (2018): Social-Media-Marketing kompakt – Ausgestalten, Plattformen finden, messen, organisieren verankern. Wiesbaden: Springer Fachmedien

Lis, B./Korchmar, S. (2013): Digitales Empfehlungsmarketing – Konzeption, Theorien und Determinanten zur Glaubwürdigkeit des Electronic Word-of-Mouth (EWOM). Wiesbande: Springer Fachmedien

Mast, C. (2016): Unternehmenskommunikation. 6 Aufl. Konstanz und München: UVK Verlagsgesellschaft mbH

Meermann Scott, D. (2014): Die neuen Marketing- und PR-Regeln im Social Web – Wie Sie mit Social Media und Content Marketing, Blogs, Pressemitteilungen und viralem Marketing Ihre Kunden erreichen. 4. Aufl. Hamburg: mitp-Verlags GmbH & Co. KG

Mey, G./Mruck, K. (2010): Handbuch Qualitative Forschung in der Psychologie. Wiesbaden: Springer Fachmedien

Möhring, W./Schlütz, D. (2013): Die Befragung in der Medien- und Kommunikationswissenschaft: Eine praxisorientierte Einführung. Wiesbaden: Springer Fachmedien

Nirschl, M./Steinberg, L. (2018): Einstieg in das Influencer-Marketing – Grundlagen, Strategien und Erfolgsfaktoren. Wiesbaden: Springer Fachmedien.

Nöllke, M. (2016): Vertrauen im Beruf – Wie man es aufbaut. Wie man es nutzt. Wie man es verspielt. 2. Aufl. Freiburg: Haufe-Lexware GmbH & Co. KG

Pfeiffer, T./Koch, B. (2011): Social Media – Wie Sie mit Twitter, Facebook und Co. Ihren Kunden näher kommen. München: Addison-Wesley Verlag

Rohrlich, M. (2016): Ihr Recht als Blogger – Juristische Tipps für Blogs, Podcasts und Co. Frankfurt: entwickler.press

Schindler, M./Liller, T. (2011): PR im Social Web - Das Handbuch für Kommunikationsprofis. 1. Aufl. Köln: O´Reilly Verlag

Stumpf, M. (2016): Die 10 wichtigsten Zukunftsthemen im Marketing. 1. Aufl. Freiburg: Haufe-Lexware GmbH & Co. KG

Schwenke, T. (2014): Social Media Marketing & Recht. 2. Aufl. Köln: O´Reilly Verlag

Sturm, A. (2018): ON OFF OUT IN. Ausgabe: Horizont März (S. 20-22). Frankfurt: Deutscher Fachverlag GmbH

Weller, R./Firnkes M. (2015): Blog Boosting – Content/Marketing/Design/SEO. 2. Aufl. mitp Verlags GmbH & Co. KG

Internetquellen

Bouwmann, V. (2018): Digital in 2018: Die Anzahl der Internetnutzer weltweit knackt die 4 Milliarden Marke. URL: https://wearesocial.com/de/blog/2018/01/global-digital-report-2018 (Abruf: 06.06.2018)

Buggisch, C. (2016): Wie viele Blogs gibt es in Deutschland? URL: https://buggisch.wordpress.com/2016/02/23/wie-viele-blogs-gibt-es-in-deutschland/ (Abruf: 13.6.2018)

Cohrs, C. (2018): Die Macht über Mode: Der wahre Influencer heißt Instagram. URL: http://www.business-punk.com/2018/02/instagram-influencer/ (Abruf: 12.06.2018)

DW (2016): Wir sind Fashion – Die neue Macht der Modeblogger. URL: https://www.dw.com/de/wir-sind-fashion-die-neue-macht-der-modeblogger/a-35894642 (Abruf: 10.07.2018)

Eschborn, N. (2017): Wie Insta-Herzchen zu Umsatz werden. Textilwirtschaft. http://www.textilwirtschaft.de/business/e-commerce/TW-Digital-Social-Money-204538 (Abruf: 12.06.2018)

Franke, M. (O.J.): Aufsteiger der Modebranche – Hauptberuf: Fashionblogger. URL: https://arbeits-abc.de/aufsteiger-der-modebranche-hauptberuf-fashionblogger/ (Abruf: 10.07.2018)

Grieß, A. (2015): Höhere Bildungsschichten dominieren Social Web – außer in Deutschland. URL: https://de.statista.com/infografik/3346/nutzer-von-sozialen-medien-prozentanteil-innerhalb-der-jeweiligen-bildungsgruppe/ (Abruf: 15.06.2018)

Gründerszene Lexikon (O.J.): Was ist ein bot? URL: https://www.gruenderszene.de/lexikon/begriffe/bot?interstitial (Abruf: 12.06.2018)

Hackober, J. (2017): Modemarken müssen die Instagram-Trickserien durch-schauen. URL: https://www.welt.de/icon/partnerschaft/article164338986/Modemarken-muessen-die-Instagram-Tricksereien-durchschauen.html (Abruf: 14.06.2018)

Herbst, R. (2014): Geschäftsfelder von Modeblogs und Beziehungen zu Unternehmen - Eine kritische Betrachtung. URL: https://www.grin.com/document/308560 (Abruf: 10.06.2018)

Hoepner, P. (2017): Digitale Glaubwürdigkeit. 1. Aufl. Berlin: Kompetenzzentrum Öffentliche IT. URL: https://www.oeffentliche-it.de/documents/10181/14412/Digitale+Glaubwürdigkeit (Abruf: 13.06.2018)

Internetrecht-Rostock.de (2018): Influencer-Abmahnungen wegen Schleichwerbung: Warum eine Unterlassungserklärung so gefährlich ist. URL: https://www.internetrecht-rostock.de/abmahnung-wegen-schleichwerbung-als-influencer-warum-keine-unterlassungserklaerung.htm (Abruf: 13.07.2018)

Keil, M. (2018): Statistiken zur Social Media-Nutzung in Deutschland. URL: https://blog.hubspot.de/marketing/social-media-in-deutschland (Abruf: 08.06.2018)

Landl, V. (2018): Sind Influencer noch glaubwürdig? Neue Wege im Influencer Marketing. URL: https://www.ikp.at/sind-influencerinnen-noch-glaubwuerdig-neue-wege-im-influencer-marketing/ (Abruf: 10.07.2018)

Rösch, B. (2017): Instagram – Influencer sollen Schleichwerbung kennzeichnen. Textilwirtschaft. URL: http://www.textilwirtschaft.de/business/marketing/Online-Marketing-Instagram-Neues-Toll-soll-Schleichwerbung-kennzeichnen-205065 (Abruf: 12.06.2018)

Schaper, S. (2017): Influencer-Marketing: Schein des Authentischen. URL: https://www.ndr.de/fernsehen/sendungen/zapp/Influencer-Marketing-Schein-des-Authentischen,influencer100.html (Abruf: 10.07.2018)

Schons, D. (2018): Leben für die Reichweite. URL: http://www.taz.de/!5486282/ (Abruf: 10.07.2018)

Smith, K. (2018): 41 interessante Instagram-Statistiken. URL: https://www.brandwatch.com/de/blog/instagram-statistiken/ (Abruf: 12.06.2018)

Statista (2017): Anteil der befragten Internetnutzer, die Blogs, nach Altersgruppen in Deutschland im Jahr 2017. URL: https://de.statista.com/statistik/daten/studie/691588/umfrage/anteil-der-nutzer-von-blogs-nach-alter-in-deutschland/ (Abruf: 25.06.2018)

Statistisches Bundesamt (O.J.): Bildungsstand. URL: https://www.destatis.de/DE/Publikationen/STATmagazin/Bevoelkerung/2010_10/Bidlungsstand.html (Abruf: 30.06.2018)

Sundermann, P. (2015): Was Mode-Blogger tatsächlich verdienen. URL: https://www.stylebook.de/fashion/Was-Mode-Blogger-tatsaechlich-verdienen (Abruf: 12.06.2018)

Wanka, V. (2015): Wie viel Geld verdienen Blogger? URL: https://www.brigitte.de/mode/trends/nachgefragt--wie-viel-geld-verdienen-blogger--10216010.html (Abruf: 12.06.2018)

WDR (2018): WDR-Studie: Glaubwürdigkeit deutscher Medien deutlich gestiegen. URL: https://www1.wdr.de/unternehmen/der-wdr/unternehmen/glaubwuerdigkeitsstudie-100.html (Abruf: 14.06.2018)

Weiß, J. (2017): Die wichtigsten Social Media Plattformen – ein Überblick! URL: https://blog.mediakraft.de/some-uebersicht-86bec97a7d0c (Abruf: 18.06.2018)

Abbildungen

Abb. 1: Statista (2017): Entwicklung der Umsätze mit Social-Media-Werbung in Deutschland 2015-2021. URL: https://de.statista.com/statistik/daten/studie/456177/umfrage/umsaetze-mit-social-media-werbung-in-deutschland/ (Abruf: 15.6.2018)

Abb. 2: Eigene Darstellung: Einführungsseite des Online-Fragebogens

Abb. 3: Eigene Darstellung: Einordnung der meistgenutzten sozialen Plattformen zum Verfolgen von Modebloggern

Abb. 4: Eigene Darstellung: Höchster Bildungsabschluss der befragten Follower

Abb. 5: Eigene Darstellung: Die wichtigsten Kriterien für die Nutzung von sozialen Plattformen

Abb. 6: Eigene Darstellung: Kriterien für glaubwürdige Modeblogger aus Sicht der Follower

Abb. 7: Eigene Darstellung: Die wichtigsten Gründe für das Lesen eines Modeblogs